# Réformes économiques 2018

## OBJECTIF CROISSANCE RAPPORT INTERMÉDIAIRE

Cet ouvrage est publié sous la responsabilité du Secrétaire général de l'OCDE. Les opinions et les interprétations exprimées ne reflètent pas nécessairement les vues officielles des pays membres de l'OCDE.

Ce document, ainsi que les données et cartes qu'il peut comprendre, sont sans préjudice du statut de tout territoire, de la souveraineté s'exerçant sur ce dernier, du tracé des frontières et limites internationales, et du nom de tout territoire, ville ou région.

**Merci de citer cet ouvrage comme suit :**
OCDE (2019), *Réformes économiques 2018 : Objectif croissance rapport intermédiaire*, Éditions OCDE, Paris.
*https://doi.org/10.1787/growth-2018-fr*

ISBN 978-92-64-31115-2 (imprimé)
ISBN 978-92-64-31116-9 (pdf)
ISBN 978-92-64-31212-8 (HTML)
ISBN 978-92-64-31211-1 (epub)

Annuel : Réformes économiques
ISSN 1813-2731 (imprimé)
ISSN 1813-274X (en ligne)

Les données statistiques concernant Israël sont fournies par et sous la responsabilité des autorités israéliennes compétentes. L'utilisation de ces données par l'OCDE est sans préjudice du statut des hauteurs du Golan, de Jérusalem-Est et des colonies de peuplement israéliennes en Cisjordanie aux termes du droit international.

**Crédits photo :** Cover © Alain Jacoby-Koaly pour Studio Pykha.

Les corrigenda des publications de l'OCDE sont disponibles sur : *www.oecd.org/about/publishing/corrigenda.htm.*

Objectif croissance *a été lancé en 2005, inaugurant une nouvelle forme de surveillance structurelle qui vient compléter les études par pays et par secteur réalisées de longue date par l'OCDE. Conformément à la Convention fondatrice de l'Organisation de 1960, le but de l'exercice est de favoriser une croissance économique viable et vigoureuse ainsi qu'une amélioration du bien-être des citoyens de ses pays membres.*

*Cette surveillance est fondée sur une analyse systématique et approfondie des politiques structurelles et de leurs résultats dans les différents pays membres de l'OCDE, effectuée à partir d'un ensemble d'indicateurs de politique comparables au niveau international et régulièrement mis à jour, dont les liens avec les performances des économies sont clairement avérés. Grâce à ces indicateurs, ainsi qu'à l'expertise des comités et des agents de l'OCDE, des priorités et des recommandations d'action sont formulées pour chaque membre et, depuis l'édition de 2011, pour six économies non membres clés avec lesquelles l'OCDE travaille en étroite coopération (Afrique du Sud, Argentine, Brésil, République populaire de Chine, Colombie, Costa Rica, Fédération de Russie, Inde, Indonésie et Lituanie). D'une édition à l'autre d'*Objectif croissance, *le suivi de ces recommandations est assuré et les priorités évoluent, notamment au regard des mesures prises par les gouvernements dans les domaines jugés prioritaires.*

*Cet exercice d'évaluation comparative repose sur un constat : savoir tirer les leçons des succès et des échecs des uns et des autres est un puissant moteur de progrès. S'il faut tenir compte de choix de société qui peuvent légitimement différer entre membres de l'OCDE, la singularité des situations nationales ne doit pas servir à justifier des politiques inefficaces.*

*L'appréciation des performances met habituellement l'accent sur les niveaux moyens du revenu, de la productivité et de l'emploi. Pour mieux rendre compte de la nature pluridimensionnelle du bien-être, l'inclusivité a été intégrée dans le cadre de sélection des priorités retenu pour* Objectif croissance *et elle y figure désormais en tant qu'objectif prioritaire, au même titre que la productivité et l'emploi. Dans cette optique, l'inclusivité recouvre des dimensions comme les inégalités et la pauvreté, la quantité et la qualité des emplois, l'inclusion sur le marché du travail des catégories vulnérables, les inégalités hommes-femmes et l'équité dans l'éducation, ainsi que les résultats en matière de santé.*

*Dans le but de garantir que les objectifs visés par* Objectif croissance *seront atteints de manière à s'inscrire dans la durée et à améliorer le bien-être global, les priorités et recommandations de réforme de l'action publique doivent prendre en compte les pressions et les risques liés à l'environnement. C'est pourquoi des considérations environnementales sont désormais progressivement intégrées dans le cadre d'*Objectif croissance.

Objectif croissance *est le fruit d'efforts communs déployés par de nombreuses Directions de l'OCDE.*

*http://www.oecd.org/eco/growth/going-for-growth*

# *Éditorial*
# *Une occasion que les pouvoirs publics ne doivent pas laisser passer*

La croissance mondiale a enfin retrouvé sa vitesse de croisière. Pour la première fois depuis plusieurs années, toutes les grandes régions du monde connaissent un redressement généralisé et dans une large mesure synchronisé, même si certaines économies connaissent une expansion régulière depuis bien plus longtemps que d'autres. On peut ainsi espérer que la stagnation des niveaux de vie subie par une grande partie de la population dans de nombreuses économies de l'OCDE arrive à son terme. L'accélération du recul du chômage observée ces derniers mois est à l'évidence un signal encourageant. Cependant, les améliorations enregistrées sur les marchés du travail ne se sont pas encore traduites par des gains salariaux significatifs et généralisés. Des réformes structurelles d'ampleur s'imposent pour asseoir une croissance plus vigoureuse au-delà du cycle conjoncturel, créer des emplois plus nombreux et mieux rémunérés, améliorer les perspectives et renforcer l'inclusion.

Or, si l'on se fonde sur les mesures prises en matière de priorités d'action structurelle passées en revue dans la présente édition d'*Objectif croissance*, on voit peu de signes d'une accélération imminente des réformes. Tout au plus le rapport fait-il état d'un léger ralentissement des réformes en 2017 par rapport au rythme déjà modeste observé au cours des deux années précédentes. Cela étant, certains pays ont réussi à lancer des réformes d'envergure l'année dernière. Au Japon, des mesures ont été prises pour développer les capacités d'accueil de jeunes enfants, aidant ainsi les femmes à garder un emploi. La France a mis en œuvre une vaste réforme du marché du travail qui vise à la fois la législation sur la protection de l'emploi et les négociations collectives. L'Inde a mis en place une taxe sur les biens et les services, tandis que l'Argentine vient d'adopter une large réforme fiscale.

Dans l'ensemble, les pouvoirs publics ont continué de porter une attention plus grande à l'emploi et à la protection sociale, notamment en prenant aussi des mesures visant à améliorer l'offre de soins de santé. C'est par exemple le cas de la Grèce et de l'Italie, où des mesures importantes ont été prises pour renforcer la protection sociale, mais aussi de la Chine, où l'accès aux soins de santé pour les travailleurs migrants a été amélioré. L'attention plus grande portée à l'emploi et aux garanties de ressources est importante dans l'optique d'une plus grande inclusivité et d'une distribution plus équilibrée des revenus. Dans une large mesure, les efforts de réforme portent leurs fruits : le taux d'emploi des personnes peu qualifiées et des jeunes, encore faible dans les pays ayant été le plus durement touchés par la crise, s'améliore et a déjà retrouvé quasiment son niveau d'avant la crise au niveau international en moyenne, tandis que le taux d'activité des femmes continue de croître.

Toutefois, les réformes de grande ampleur ont été beaucoup trop peu nombreuses pour permettre de stimuler la productivité et de réduire la dépendance aux mesures macroéconomiques de relance. Le retour à une croissance mondiale plus vigoureuse est un moment propice pour progresser à nouveau sur le plan des réformes structurelles, avec des chances plus grandes de les voir porter rapidement leurs fruits. Les décideurs publics doivent, individuellement et collectivement, trouver les moyens de surmonter la résistance politique aux réformes qui permettraient de s'attaquer aux points de blocage de la croissance bien connus, et faire en sorte que leurs économies puissent tirer le meilleur parti de la transformation numérique en cours. Une croissance plus forte et plus soutenue contribuerait également à réduire les risques financiers associés au niveau élevé de la dette publique aussi bien que privée qui s'est accumulée dans un contexte de faiblesse des taux d'intérêt.

L'investissement des entreprises, s'il commence enfin à s'affermir, reste modeste par rapport à ce qu'il a pu être pendant des périodes d'expansion antérieures. En outre, des données récentes montrent que l'investissement dans les technologies numériques, essentiel pour stimuler la productivité, varie fortement d'un pays à l'autre et d'une entreprise à l'autre. L'écart de productivité grandissant entre les entreprises à la pointe et celles qui accusent un retard constitue lui-même une source d'aggravation des inégalités salariales et de ralentissement de la productivité. Les analyses de l'OCDE laissent à penser que les entreprises sont confrontées à différentes contraintes qui ont un impact à la fois sur les incitations qui leur sont offertes à investir dans ces technologies et sur leur capacité à le faire.

Pour augmenter les incitations à l'investissement, il est nécessaire de prendre des mesures permettant de créer un environnement des entreprises plus compétitif, notamment en favorisant l'entrée d'entreprises par une diminution des freins réglementaires à la création d'entreprises et une réduction des obstacles à l'investissement direct étranger. Malgré les progrès accomplis en la matière, par exemple au sein de l'Union européenne avec l'adoption du paquet « Services », l'entrée sur le marché des services aux entreprises dans des pays comme la France, l'Allemagne et l'Espagne reste entravé par des obstacles administratifs et réglementaires. Parallèlement, il faut faire davantage pour réduire les barrières à l'investissement étranger dans les pays où elles sont encore relativement élevées, comme en Indonésie, au Mexique et en Russie. Le protectionnisme commercial ne peut que nuire à l'investissement parce qu'il fait augmenter les coûts, accroît les incertitudes, érode l'environnement concurrentiel et réduit les possibilités de croissance qui s'offrent aux entreprises qui réussissent.

Il serait également possible, dans de nombreux pays, de réformer les régimes d'insolvabilité afin de faciliter la sortie ordonnée ou la restructuration des entreprises en échec. De telles mesures sont importantes, à la fois pour encourager l'expérimentation d'idées nouvelles et pour libérer les ressources nécessaires à l'expansion des entreprises innovantes et performantes. Ainsi, on trouvera au Chapitre 3 du présent rapport de nouveaux indicateurs des régimes d'insolvabilité dans les différents pays élaborés par l'OCDE, et présentant les principales caractéristiques qui permettraient d'atteindre ces objectifs. Dans des pays comme l'Afrique du Sud, l'Australie et l'Italie, l'abaissement des obstacles à la restructuration des entreprises en cas de difficultés est une priorité. Des réformes s'imposent également pour harmoniser les procédures d'insolvabilité dans l'ensemble de États membres Union européenne.

La fiscalité constitue un autre domaine dans lequel les pouvoirs publics peuvent agir pour accroître les incitations privées à investir. Il s'agit notamment de mettre en œuvre des réformes des systèmes fiscaux permettant d'élargir la base d'imposition en supprimant les niches, en particulier celles qui bénéficient aux personnes ayant les plus hauts niveaux de revenu ou de patrimoine, tout en ménageant la possibilité de procéder à des réductions de taux, en particulier sur les sources plus mobiles comme le capital et les revenus du travail.

Des réformes s'inscrivant dans cette logique ont été mises en œuvre dans plusieurs pays comme l'Argentine, le Canada et l'Espagne, tandis que les taux d'imposition ont été abaissés aux États-Unis. Cependant, les réformes doivent encore s'attaquer à une distorsion majeure des systèmes fiscaux, celle qui consiste à privilégier l'endettement par rapport aux financements par fonds propres. En effet, ce biais contribue non seulement à rendre la croissance excessivement dépendante de la dette, mais il aboutit aussi à une discrimination à l'endroit des jeunes entreprises innovantes.

Plus largement, la plupart des pays ont une bonne marge pour procéder à des réformes permettant de concilier objectifs de croissance et objectifs d'inclusivité, notamment en s'appuyant davantage sur les recettes fiscales provenant des biens immobiliers et des successions. À l'échelle internationale, dans le cadre des efforts déployés pour rendre l'imposition des entreprises plus équitable et plus transparente, des progrès sont accomplis pour limiter l'évasion fiscale des multinationales grâce au Plan d'action BEPS sur l'érosion de la base d'imposition et le transfert de bénéfices élaboré sous les auspices du G20 et de l'OCDE et par la mise en œuvre de l'échange automatique de renseignements.

Dans des pays comme l'Inde, l'Indonésie et la Turquie, mais aussi en Italie et en Grèce, le travail informel reste une difficulté majeure lorsqu'il s'agit de favoriser la croissance inclusive. Pour y remédier, il est nécessaire de réformer les réglementations contraignantes des marchés des produits et du travail et de réduire en même temps le coin fiscal sur le travail des travailleurs faiblement rémunérés dans les pays où il est encore élevé. Accroître le nombre de travailleurs occupant un emploi formel permettra de leur offrir de plus larges perspectives d'amélioration des compétences et de la productivité ainsi qu'une protection sociale de meilleure qualité. En Chine, de nouvelles mesures permettant d'ouvrir un accès plus équitable aux services publics tout en supprimant le système d'enregistrement des ménages permettraient de favoriser la mobilité du travail, la productivité et l'inclusion. L'efficacité des réformes dans ces domaines sera amplifiée par une mise en œuvre effective de mesures visant à intensifier la lutte contre la corruption, comme cela a été fait au Mexique, et à renforcer l'État de droit.

Dans les économies émergentes comme dans les économies avancées, la pénurie de compétences, notamment en matière managériale et organisationnelle, est l'un des facteurs qui limite la capacité de nombreuses entreprises à adopter des technologies numériques. Pour y faire face à plus long terme, il faudrait réformer les systèmes d'enseignement et de formation pour faire en sorte que les travailleurs puissent acquérir les compétences cognitives et non cognitives rendues de plus en plus nécessaires par les nouvelles technologies numériques et le capital intellectuel. Il s'agit notamment de prendre des mesures pour faciliter l'accès à l'éducation des groupes défavorisés de manière à réduire la fracture numérique. À plus court terme, la réponse aux pénuries de compétences consiste à offrir aux travailleurs de meilleures perspectives de relèvement du niveau de leurs qualifications et à corriger le déséquilibre entre les compétences qu'ils possèdent et celles qu'attendent les employeurs. Mettre au point des programmes de formation et d'éducation permanente bénéficiant à ceux qui en ont le plus besoin reste un défi commun à la plupart des pays.

C'est pourquoi, en dépit du raffermissement de la croissance économique, l'heure n'est pas à l'autosatisfaction. Dans cette édition d'*Objectif croissance* sont exposées des priorités et des recommandations pour l'action publique qui ont pour objet de lever les blocages au développement des compétences et de libérer les capacités d'innovation, de favoriser la dynamique des entreprises et la diffusion des connaissances, et d'aider les travailleurs à exploiter au mieux la rapidité d'évolution du marché du travail. Dans l'optique d'assurer le caractère durable des gains enregistrés tant au niveau des revenus que du bien-être, les risques et goulets d'étranglement environnementaux sont aussi pris en compte dans une mesure croissante (voir le chapitre 2). Le redressement économique actuel est propice à la mise en œuvre réussie des réformes les mieux à mêmes d'atteindre l'objectif d'une croissance forte, inclusive et durable. Il ne faut pas laisser passer cette occasion.

Álvaro Pereira
Chef économiste de l'OCDE par intérim

# *Table des matières*

## Tableaux

## Graphiques



## Encadrés

## Suivez les publications de l'OCDE sur :

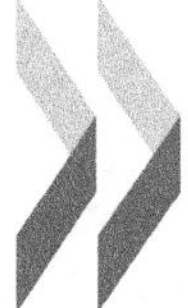

http://twitter.com/OECD_Pubs

http://www.facebook.com/OECDPublications

http://www.linkedin.com/groups/OECD-Publications-4645871

http://www.youtube.com/oecdilibrary

OECD Alerts http://www.oecd.org/oecddirect/

## Ce livre contient des...

StatLinks 

Accédez aux fichiers Excel® à partir des livres imprimés !

En bas des tableaux ou graphiques de cet ouvrage, vous trouverez des StatLinks. Pour télécharger le fichier Excel® correspondant, il vous suffit de retranscrire dans votre navigateur internet le lien commençant par : http://dx.doi.org, ou de cliquer sur le lien depuis la version PDF de l'ouvrage.

# *Codes ISO*

Dans cet ouvrage, il est fait référence aux codes ISO des pays et de leur monnaie. Ces codes sont attribués par l'Organisation internationale de normalisation (ISO).

| Code pays | Nom du pays | Code devise |
|---|---|---|
| ARG | Argentine | ARS |
| AUS | Australie | AUD |
| AUT | Autriche | EUR |
| BEL | Belgique | EUR |
| BRA | Brésil | BRL |
| CAN | Canada | CAD |
| CHE | Suisse | CHF |
| CHL | Chili | CLP |
| CHN | Chine | CNY |
| COL | Colombie | COP |
| CRI | Costa Rica | CRC |
| CZE | République tchèque | CZK |
| DEU | Allemagne | EUR |
| DNK | Danemark | DKK |
| ESP | Espagne | EUR |
| EST | Estonie | EUR |
| FIN | Finlande | EUR |
| FRA | France | EUR |
| GBR | Royaume-Uni | GBP |
| GRC | Grèce | EUR |
| HUN | Hongrie | HUF |
| IDN | Indonésie | IDR |
| IND | Inde | INR |
| IRL | Irlande | EUR |
| ISL | Islande | ISK |
| ISR | Israël | ILS |
| ITA | Italie | EUR |
| JPN | Japon | JPY |
| KOR | République de Corée | KRW |
| LTU | Lituanie | EUR |
| LUX | Luxembourg | EUR |
| LVA | Lettonie | LVL |
| MEX | Mexique | MXN |
| NLD | Pays-Bas | EUR |
| NOR | Norvège | NOK |
| NZL | Nouvelle-Zélande | NZD |
| POL | Pologne | PLN |
| PRT | Portugal | EUR |
| RUS | Fédération de Russie | RUB |
| SVK | République slovaque | SKK |
| SVN | Slovénie | EUR |
| SWE | Suède | SEK |
| TUR | Turquie | TRL |
| USA | États-Unis | USD |
| ZAF | Afrique du Sud | ZAR |

*Note* : Le code UE correspond à la moyenne des 22 pays de l'Union européenne qui sont également membres de l'OCDE.

# Résumé

Le taux de croissance annuel du PIB mondial, qui devrait selon les prévisions s'établir à près de 4 % en 2018, est proche du rythme qu'il affichait pendant la période ayant précédé la grande récession. Cette phase de croissance mondiale forte et généralisée offre un cadre favorable pour transformer cette embellie en une croissance à long terme plus forte et durable pour tous.

Dans ce contexte d'évolutions positives à court terme s'appuyant encore sur des politiques budgétaires et monétaires qui soutiennent l'activité, les responsables de l'action publique restent confrontés à plusieurs défis à moyen et long terme. La hausse de la productivité reste décevante. Malgré le redémarrage de l'emploi tant attendu, la progression des salaires n'a pas suivi pour l'instant, et nombre de groupes vulnérables restent confrontés à des perspectives médiocres sur le marché du travail. Les inégalités persistent et se caractérisent même par une hausse tendancielle à long terme dans de nombreux pays, signe que certains pans de la société n'ont pas beaucoup profité de la croissance. En outre, des mégatendances comme la transformation numérique, les pressions environnementales et l'évolution démographique pourraient bien menacer la durabilité de la croissance à long terme, sauf si des mesures adéquates sont prises pour relever les défis pour l'action publique qu'elles représentent.

La publication *Objectif croissance* contient, à l'intention des responsables de l'action publique, des recommandations de réformes concrètes dans des domaines identifiés comme les cinq premières priorités qui s'imposent aux pays pour s'attaquer aux enjeux à moyen terme, redynamiser la productivité et stimuler la croissance de l'emploi en veillant à ce que les avantages des mesures prises profitent au plus grand nombre. Ces priorités ont été définies en s'appuyant sur le savoir-faire de l'OCDE en matière de réformes structurelles et de croissance inclusive. Les domaines visés sont divers et concernent notamment la réglementation des marchés de produits et des marchés du travail, l'éducation et la formation, les systèmes de prélèvements et de transferts ainsi que les règles relatives aux échanges et à l'investissement, les infrastructures physiques et juridiques ou encore les politiques de l'innovation, pour n'en citer que quelques-uns. Les recommandations pour l'action publique formulées dans tous ces domaines sont articulées de manière à former une stratégie de réforme cohérente, indispensable pour dégager des synergies, gérer les arbitrages à opérer et veiller à ce que les conséquences positives des politiques menées soient largement partagés sur la durée. En tant que tel, le cadre défini par *Objectif croissance* a joué un rôle décisif pour aider les pays du G20 à faire avancer leurs programmes de réforme structurelle, notamment grâce à un suivi des stratégies menées pour asseoir une croissance soutenue et équilibrée.

Le présent *Rapport intermédiaire* permet de passer en revue les progrès accomplis en matière de réformes structurelles du point de vue des priorités identifiées dans l'édition 2017 d'*Objectif croissance*.

## Mesures correspondant aux priorités d'action publique

- En 2017, les réformes ont été menées à un rythme comparable à celui, relativement peu rapide, observé au cours des deux dernières années, et inférieur à celui qui avait été relevé dans le sillage direct de la crise.
- Néanmoins, certaines mesures vigoureuses ont été prises ; de fait, plus d'un tiers de celles qui ont été mises en œuvre en 2017 peuvent être considérées comme de grands pas en avant. Au nombre de celles-ci, on peut citer les réformes visant à renforcer la protection sociale en Grèce et en Italie, la réforme du marché du travail en France, qui n'a que trop tardé, les importantes mesures prises au Japon pour développer les capacités d'accueil de jeunes enfants, l'instauration d'une taxe sur les biens et les services en Inde, et en Argentine, une vaste réforme fiscale qui sera progressivement mise en œuvre au cours des cinq prochaines années.
- Plus généralement, l'intensité des réformes varie selon les domaines de l'action publique concernés. Parmi les réformes destinées à stimuler l'acquisition de compétences et les capacités d'innovation, des mesures de grande ampleur ont été pris pour développer le soutien à la R-D et en accroître l'efficience.
- Pour l'essentiel, les mesures prises pour favoriser la dynamique des entreprises et la diffusion de connaissances ont porté en priorité sur le renforcement des infrastructures physiques et juridiques ainsi que sur des actions visant à rendre la réglementation des marchés de produits plus propice à la concurrence.
- Des mesures notableaus ont aussi été prises dans le domaine des prestations sociales, ce qui est important en termes de cohésion sociale. Pour continuer d'aider les travailleurs à faire face à l'évolution potentiellement rapide des emplois et des tâches, des réformes supplémentaires sont nécessaires dans d'autres domaines connexes, par exemple pour améliorer les politiques actives du marché du travail et les politiques du logement pour faciliter la transition vers le marché du travail et la mobilité.

## Chapitres spéciaux – revoir les indicateurs pour enrichir l'analyse proposée dans *Objectif croissance*

Le rapport comprend deux chapitres spéciaux dans lesquels les indicateurs sont passés en revue dans le but d'élargir la portée des grilles d'analyse utilisées pour *Objectif croissance :* les indicateurs de la croissance verte et les indicateurs des régimes d'insolvabilité établis par l'OCDE.

### *Liens entre croissance et environnement : ce que montrent les indicateurs*

La capacité à améliorer durablement le PIB et le bien-être, comme le prône *Objectif croissance,* dépend entre autres facteurs de la capacité à réduire les conséquences négatives (par exemple la pollution) des activités économiques, à minimiser les risques liés à l'environnement et à réduire la dépendance par rapport aux ressources en capital naturel (limitées). Il est en conséquence logique d'aborder de manière plus systématique, dans *Objectif croissance,* les enjeux liés à l'environnement. Dans le même temps, les liens entre l'environnement, les politiques de l'environnement et la croissance économique sont complexes. À cet égard, le chapitre 2 permet de passer en revue les indicateurs disponibles et les progrès récemment accomplis en termes de mesure des résultats et des politiques en matière d'environnement. Bien qu'il n'existe pas de mesure unique des performances environnementales qui serait généralement admise, des avancées considérables ont été obtenues dans la mesure de la croissance verte, notamment dans le cadre des travaux relatifs aux Indicateurs de la croissance verte de l'OCDE, ouvrant la voie à un traitement plus cohérent de la croissance verte dans la publication *Objectif croissance*.

### *Faciliter une sortie ordonnée du marché : éclairages fournis par les nouveaux indicateurs des régimes d'insolvabilité établis par l'OCDE*

Des régimes d'insolvabilité médiocres peuvent avoir un lien avec trois facteurs de faiblesse de la productivité de la main-d'œuvre, eux-mêmes interdépendants : la survie d'entreprises dites « zombies », qui devraient normalement sortir du marché ; la mauvaise allocation du capital, c'est-à-dire le fait que des ressources se trouvent piégées dans des utilisations peu productives ; et l'enlisement de la diffusion des technologies. Les indicateurs des régimes d'insolvabilité nouvellement élaborés par l'OCDE sont présentés au chapitre 3 ; ils permettront d'étendre et d'affiner les recommandations de réforme portant sur les politiques de sortie énoncées dans la publication *Objectif croissance*. Les analyses montrent qu'il existe des différences considérables, d'un pays à l'autre, en ce qui concerne la capacité des régimes d'insolvabilité à favoriser une sortie ordonnée des entreprises non viables, ce qui est le signe que certains pays ont encore une marge pour améliorer l'allocation des ressources et la productivité en réformant la législation et les procédures relatives aux faillites.

# Chapitre 1. Vue d'ensemble des réformes structurelles menées en 2017

*Dans ce chapitre, nous passons en revue les principaux problèmes de croissance auxquels sont confrontées les économies avancées et émergentes, et nous établissons un bilan des progrès accomplis en 2017 dans l'adoption et la mise en œuvre de mesures de réforme structurelle destinées à remédier à ces problèmes. Ces progrès sont évalués à l'aune des mesures prises pour donner suite aux recommandations formulées dans la précédente édition d'*Objectif croissance.

Les données statistiques concernant Israël sont fournies par et sous la responsabilité des autorités israéliennes compétentes. L'utilisation de ces données par l'OCDE est sans préjudice du statut des hauteurs du Golan, de Jérusalem-Est et des colonies de peuplement israéliennes en Cisjordanie aux termes du droit international.

## Principales conclusions

- La reprise robuste et généralisée de l'activité crée des conditions favorables pour mettre en œuvre avec succès les réformes structurelles nécessaires afin que le redressement en cours se transforme en une croissance plus soutenue, viable à long terme et inclusive.
- Pourtant, le risque existe de laisser passer cette opportunité. En 2017, en moyenne dans l'ensemble des pays, le rythme des réformes est resté comparable à celui, relativement lent, observé au cours des deux dernières années. Dans les économies avancées comme dans les économies émergentes, on ne voit plus guère de signes d'un retour à un rythme soutenu comme on pouvait en observer il y a quelques années.
    - En 2017, les économies avancées ont mis en œuvre des mesures de réforme dans un peu plus d'un dixième des domaines d'action prioritaires recensés par l'édition 2017 d'*Objectif croissance*, tandis que des réformes sont en cours dans environ un tiers d'entre eux.
    - Dans les économies de marché émergentes, les actions concrètes pleinement mises en œuvre sont encore moins nombreuses. D'autres réformes sont en cours, dans un quart des domaines prioritaires d'*Objectif croissance*.
- Malgré le ralentissement du rythme des réformes, différentes mesures hardies ont été prises ; ainsi, plus d'un tiers des actions menées en 2017 peuvent être considérées comme des étapes « majeures ».
    - Par exemple, la Grèce et l'Italie ont mis en œuvre de vastes programmes de renforcement de la protection sociale, tandis que la France a adopté une réforme, qui s'imposait depuis longtemps, visant à améliorer le fonctionnement de son marché du travail. Le Japon, quant à lui, a lancé un nouveau plan qui va permettre d'accroître sensiblement l'offre de garde des enfants, et l'Argentine a profondément réformé sa fiscalité.
- L'intensité des réformes a été variable aussi d'un domaine à l'autre.
    - Parmi les réformes destinées à développer l'acquisition de compétences et les capacités d'innovation, les mesures visant à accroître l'ampleur et l'efficience du soutien à la R-D ont été particulièrement nombreuses.
    - La plus grande partie des actions menées pour favoriser le dynamisme des entreprises et la diffusion des connaissances ont porté avant tout sur le renforcement des infrastructures matérielles et juridique, ainsi que sur des mesures destinées à rendre la réglementation des marchés de produits plus propice à la concurrence.
    - Un nombre particulièrement élevé d'actions significatives ont été prises dans le domaine des prestations sociales, ce qui est important pour la cohésion sociale. Pour aider encore davantage les travailleurs à faire face à l'évolution potentiellement rapide des métiers et des tâches, d'autres actions devraient être menées dans des domaines complémentaires, comme l'amélioration des politiques actives du marché du travail et des politiques du logement, afin de faciliter les transitions et la mobilité sur le marché du travail.

- Il est crucial de mettre en place une stratégie de réforme cohérente pour dégager des synergies, gérer les arbitrages et faire en sorte que les avantages des réformes soient largement partagés au fil du temps.

## 1.1. Introduction

La croissance mondiale connaît un essor généralisé. Les économies avancées[1] voient l'investissement et la création d'emplois augmenter ; le chômage a déjà retrouvé ses niveaux d'avant la crise dans de nombreux pays, et il reflue dans les autres. Dans les économies émergentes, l'amélioration des perspectives s'accompagne d'un rebond sur le marché de certains produits de base et d'un accroissement des investissements dans les infrastructures publiques. Quoiqu'encourageante, cette dynamique à court terme ne doit pas masquer les défis à plus long terme qui doivent être relevés pour que l'amélioration du niveau de vie soit durablement inclusive. De fait, les gains de productivité – le principal facteur de croissance à long terme –, qui demeurent modestes dans les économies avancées, ont même diminué dans de nombreuses économies de marché émergentes. L'investissement des entreprises a augmenté dans les économies avancées, mais reste inférieur à son niveau moyen lors des reprises antérieures, ce qui implique que le capital productif ne s'accroît pas assez vite. Dans les économies émergentes, le renforcement de l'intensité capitalistique et des gains de productivité sera nécessaire pour échapper au piège du revenu moyen, continuer à sortir des millions de personnes de la pauvreté et faire face aux pressions démographiques.

La croissance reste soutenue par des conditions monétaires favorables tandis que, dans de nombreux pays, le niveau de la dette privée demeure élevé, voire en hausse, ce qui n'est pas sans risque pour les perspectives. En outre, une majorité de plus en plus large d'économies avancées sont enfin parvenues à combler le déficit massif d'emplois qui s'était creusé durant la grande récession, mais les différents segments de la société ne bénéficient pas tous de la reprise du marché du travail, les jeunes et les travailleurs faiblement qualifiés étant encore nombreux à faire face à de sombres perspectives en matière d'emploi et de carrière. Et bien que l'emploi ait progressé, les salaires n'ont guère suivi. En particulier, la croissance du revenu réel est faible dans le bas de la distribution, où les pertes subies pendant la récession par les ménages appartenant au décile inférieur n'ont toujours pas été effacées (OCDE, 2016a). Ainsi, on ne saurait considérer comme acquis le fait que la reprise à court terme se traduise par une croissance à long terme solide, résiliente et inclusive.

Dans ce contexte, il paraît extrêmement souhaitable d'adopter d'ambitieuses réformes structurelles afin de placer la croissance sur une trajectoire robuste et durable, produisant des gains pour tous. Le présent chapitre prend pour point de départ l'édition standard d'*Objectif croissance 2017*, dans laquelle des priorités étaient fixées en vue d'améliorer les niveaux de vie matériels de manière inclusive en renforçant l'emploi et la productivité. Pour l'essentiel, les recommandations ont été formulées en vue d'atteindre trois objectifs interdépendants.

*Libérer le développement des compétences et la capacité d'innovation.* Renforcer la croissance tout en réduisant les inégalités exige de prendre des mesures afin que chacun puisse disposer des compétences nécessaires pour obtenir un emploi rémunérateur et productif, et que ces compétences soient utilisées au mieux. Les progrès des technologies numériques et l'importance croissante du capital intellectuel rendent plus nécessaires encore des réformes du système éducatif visant à ce que les jeunes soient bien préparés au dynamisme du futur marché du travail et possèdent les compétences cognitives et non cognitives qui leur permettront de faire face à l'évolution technologique. C'est grâce au renforcement de l'efficience et de l'efficacité des politiques d'appui à l'innovation que ces compétences se transformeront en gains de productivité supérieurs.

*Stimuler le dynamisme des entreprises et la diffusion des connaissances.* Pour rechercher l'innovation et exploiter au mieux les nouvelles technologies et les nouvelles compétences des travailleurs, les firmes doivent être incitées à investir dans la recherche-développement (R-D), dans de nouveaux équipements numériques et dans des compétences organisationnelles. Une saine concurrence sur les marchés de produits et une robuste dynamique des entreprises – entrée et croissance, mais aussi sortie des sociétés non productives – sont essentielles pour la diffusion de l'innovation et l'allocation optimale des ressources. Les entreprises ont un rôle crucial à jouer dans l'adéquation des compétences et des tâches en offrant des emplois, mais aussi en contribuant au développement des compétences et à la diffusion des connaissances.

*Préserver la cohésion sociale et aider les travailleurs à profiter au mieux du dynamisme du marché du travail.* Pour faire face au renouvellement accéléré des entreprises, des emplois et des tâches, les travailleurs perdant leur emploi doivent pouvoir bénéficier rapidement de nouvelles opportunités d'emploi ou de la possibilité d'améliorer leurs compétences, avec un soutien des revenus suffisant et une aide à la recherche d'emploi durant la période de transition. Si le marché du travail fonctionne bien, sans réglementation excessivement restrictive et avec des allocations chômage soigneusement conçues, associées à des politiques d'activation à large spectre, alors chacun pourra avoir accès à l'emploi et à la sécurité sur le marché du travail. Qui plus est, un tel marché de l'emploi sera en mesure de mieux inclure les groupes de population dont le taux d'activité était jusqu'à maintenant plus faible.

Dans ce chapitre, nous passons en revue les principaux problèmes de croissance auxquels sont confrontées les économies avancées et émergentes à la poursuite de ces trois objectifs, et nous établissons le bilan des actions menées en regard des recommandations de réforme prioritaires formulées dans la publication de 2017. Nous évaluons plus précisément la mesure dans laquelle les pays ont déjà commencé à répondre aux priorités établies en 2017. La mise en œuvre d'une réforme s'entend comme l'adoption des lois et décrets nécessaires ou des mesures appropriées (comme des dispositions budgétaires) pour que la réforme puisse entrer en vigueur. Il n'est toutefois pas possible d'évaluer à quel degré ces mesures sont effectivement mises en pratique. Dans la section ci-après, nous présentons une vue d'ensemble de l'élan de réforme observé en 2017 par comparaison avec les périodes précédentes. La section suivante offre un bref rappel des principaux problèmes de performances que rencontrent les pays. Enfin, la dernière section est consacrée aux mesures prises par les pays dans les différents domaines de l'action publique. En annexe se trouve le lien vers le chapitre, accessible en ligne, sur les indicateurs de politique structurelle où figure l'ensemble complet des indicateurs quantitatifs pour les différents pays utilisés dans *Objectif croissance*.

## 1.2. Vue d'ensemble des progrès accomplis par les pays en matière de réformes

Le rythme des réformes, que ce soit dans les économies avancées ou les économies de marché émergentes, semble s'être stabilisé à un bas niveau par rapport au pic d'après la crise. Le nombre de mesures de réforme adoptées dans les domaines prioritaires est lui aussi inférieur à ce qu'il était avant la crise (OCDE, 2017). En moyenne, dans les économies avancées, les réformes ont pleinement abouti dans 12 % des domaines prioritaires recensés dans l'édition de 2017 d'*Objectif croissance* (c'est-à-dire que la législation nécessaire ou des dispositions budgétaires significatives ont été adoptées pour des recommandations figurant parmi les domaines prioritaires). En outre, des réformes ont été lancées (c'est-à-dire qu'elles sont en cours de mise en œuvre) dans 35 % des domaines (Graphique 1.1). Dans les économies émergentes, la part des domaines prioritaires recensés par *Objectif croissance* dans lesquels des actions concrètes ont été menées demeure plus faible que dans les économies avancées ; ainsi, des réformes sont en cours dans plus d'un quart de ces domaines.

**Graphique 1.1. Part des domaines prioritaires d'*Objectif croissance* ayant fait l'objet de mesures**

En pourcentage des priorités, 2017

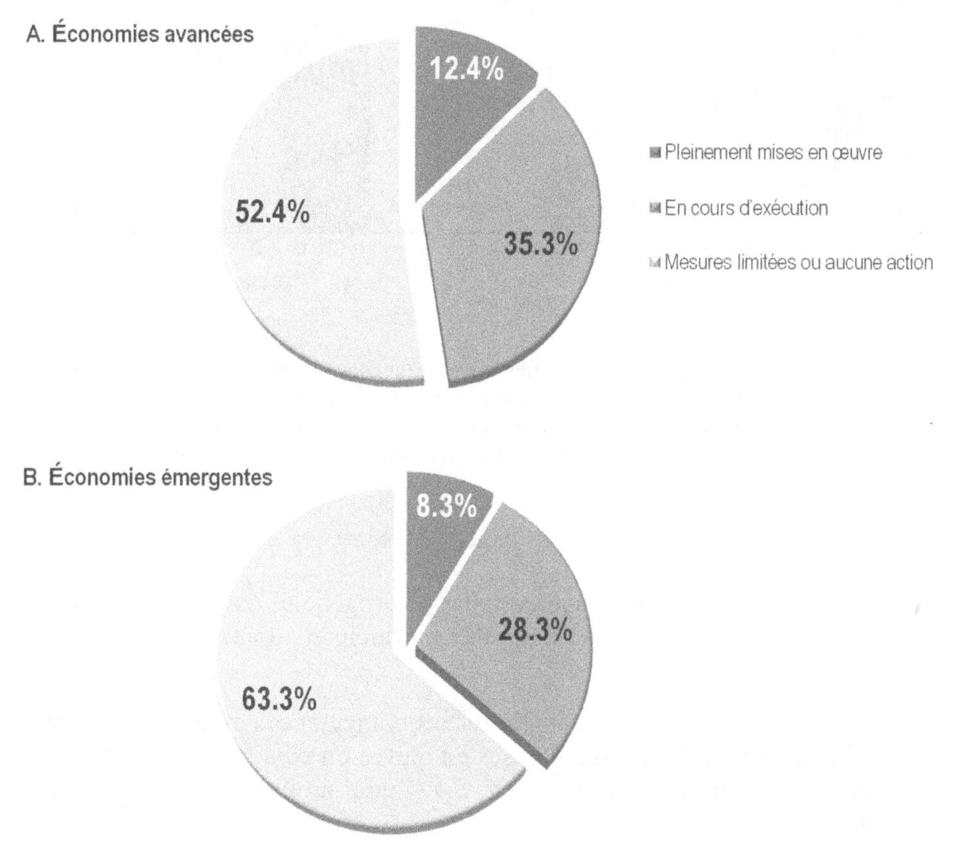


**StatLink** http://dx.doi.org/10.1787/888933680077

L'intensité des réformes, telle qu'indiquée par le taux de réactivité aux priorités de réforme, semble se stabiliser à un niveau inférieur au pic observé en 2011-12. Si l'on envisage conjointement les réformes abouties et celles qui sont en cours, l'intensité s'est stabilisée (Graphique 1.2). De plus, des mesures hardies ont été prises ; ainsi, plus d'un tiers des actions menées en 2017 sont considérées par les spécialistes de l'OCDE comme des étapes « majeures »[2]. Étant donné que l'intensité législative peut varier considérablement d'une année à l'autre – notamment sous l'effet des cycles politiques –, de même que l'importance des différentes actions, la prudence s'impose lorsqu'il s'agit de comparer, d'une part, le rythme indiqué dans le présent rapport intérimaire sur l'espace d'une année (2017) avec, d'autre part, le rythme moyen constaté sur une période de deux ans (2015-16) dont rend compte l'édition précédente d'*Objectif croissance*.

**Graphique 1.2. En dépit des perspectives positives à court terme, l'intensité des réformes s'est essoufflée**

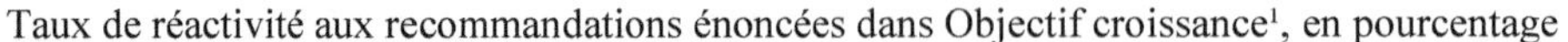
Taux de réactivité aux recommandations énoncées dans Objectif croissance[1], en pourcentage

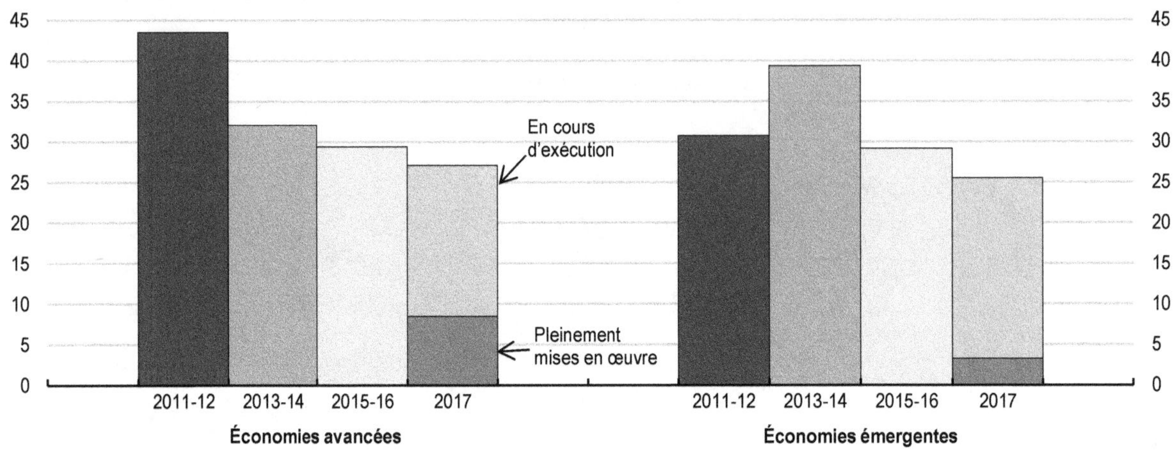


1. Ce graphique illustre le rythme des réformes observé au cours des périodes précédentes, tel qu'indiqué par le taux de réactivité aux priorités de réforme, ainsi que le taux estimé de réactivité en 2017, tel que représenté par les réformes pleinement mises en œuvre (en rouge) et les mesures en cours d'exécution (en vert), afin d'assurer la comparabilité avec les précédentes périodes de deux ans. Pour plus d'explications sur le taux de réactivité, on se référera à l'édition 2010 d'*Objectif croissance*.

**StatLink** http://dx.doi.org/10.1787/888933680096

Cette évolution générale masque une certaine hétérogénéité dans les suites données aux recommandations d'*Objectif croissance* dans les principaux domaines de l'action publique (Graphique 1.3).

- Parmi les réformes visant à améliorer les compétences et la capacité d'innovation, la majeure partie des mesures mises en œuvre ou en cours d'exécution concernent l'investissement dans la R-D et, dans une moindre mesure, l'enseignement supérieur.
- En ce qui concerne les réformes destinées à stimuler le dynamisme des entreprises et la diffusion des connaissances, les actions menées se situent principalement dans les domaines des infrastructures matérielles et juridique, et plus particulièrement des réseaux de transport, et de l'atténuation des obstacles réglementaires à la concurrence dans l'ensemble de l'économie, surtout dans les économies de marché émergentes.
- Parmi les réformes qui permettront un renforcement de la cohésion sociale et aideront les travailleurs à faire face à l'évolution potentiellement rapide des métiers et de la nature des tâches, la protection sociale a été l'objet d'une large part des mesures adoptées, l'Italie et la Grèce ayant par exemple mis en place de vastes programmes de lutte contre la pauvreté. Les priorités dans le secteur de la santé ont elles aussi vu une proportion assez élevée de réformes ayant abouti ou en cours de mise en œuvre. Par contraste, un nombre relativement restreint de mesures ont été

prises en matière de fiscalité du travail – un domaine dans lequel des actions plus substantielles avaient été menées en 2015-16. Les efforts notableaus qui ont été déployés pour supprimer les obstacles à l'activité professionnelle des femmes, dont ont rendu compte les précédentes éditions d'*Objectif croissance*, se sont poursuivis en 2017.

**Graphique 1.3. Les secteurs des prestations sociales, de la santé ainsi que des infrastructures matérielles et juridique ont fait l'objet des réformes les plus intensives**

Proportion de recommandations mises en œuvre[1], en pourcentage

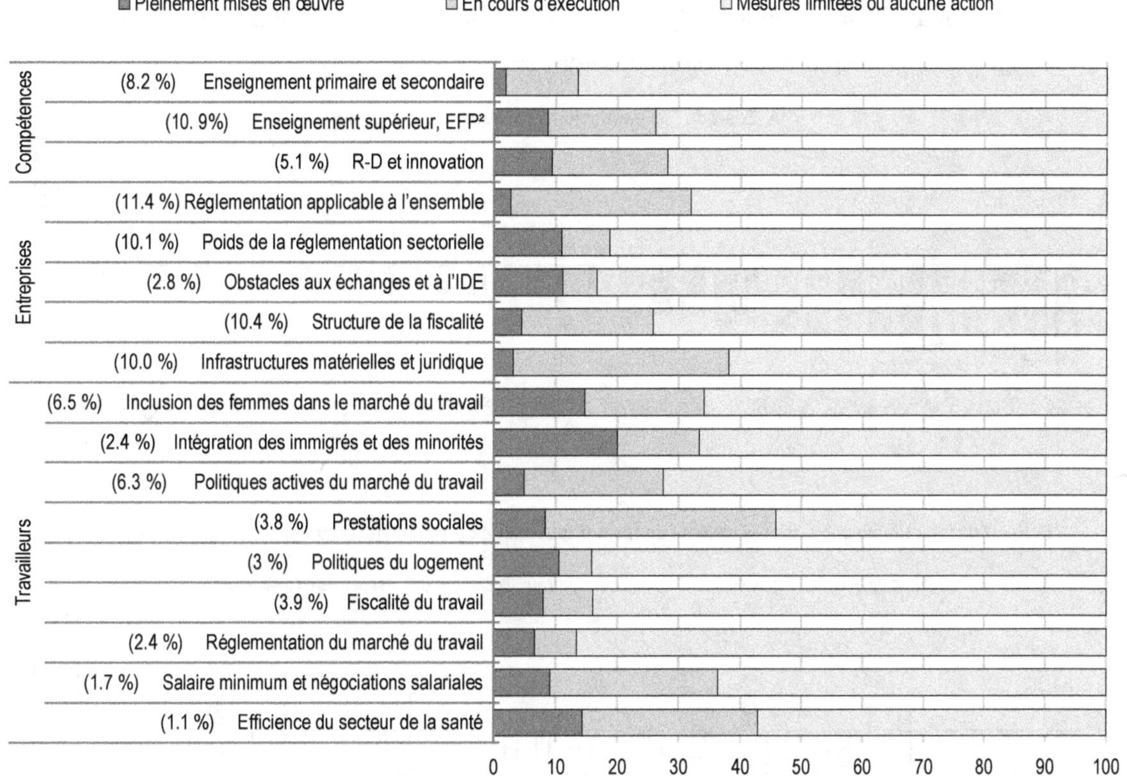


1. Ce graphique offre une vue synthétique de la proportion de recommandations formulées dans Objectif croissance 2017 en fonction de leur degré de mise en œuvre. La mise en œuvre intégrale s'entend comme l'adoption des lois nécessaires ou de mesures équivalentes. Les taux entre parenthèses représentent la proportion du total des recommandations.
2. EFP : Enseignement et formation professionnels.

StatLink http://dx.doi.org/10.1787/888933680115

## 1.3. Performances économiques et priorités de réforme d'*Objectif croissance* 2017 : aperçu

Pour que cet élan à court terme se traduise par une croissance forte à long terme, l'activité de réforme devra être beaucoup plus énergique que celle observée en 2017. Les priorités d'action formulées dans l'édition 2017 d'*Objectif croissance* demeurent valables et doivent continuer à orienter le programme des réformes structurelles à large spectre.

Dans *Objectif croissance*, les priorités d'action sont recensées selon une approche « mixte », qui conjugue une évaluation quantitative, comparant les performances et les indicateurs d'action, et une évaluation qualitative, fondée sur l'appréciation des experts de l'OCDE ayant une connaissance approfondie des différents pays. Un point de référence standard est la moyenne des pays OCDE les plus performants sur le plan du PIB par habitant (Graphique 1.4 et Graphique 1.5). Les réformes prioritaires sont établies, même pour ces pays les plus performants, en fonction des faiblesses observées dans des domaines spécifiques et des enjeux émergents qui ont été repérés. L'objectif premier est de déterminer le programme de réformes qui va le plus probablement produire une amélioration à long terme des performances.

**Graphique 1.4. Origine des écarts de revenu réel dans les économies avancées**

Comparaison avec la moitié supérieure des pays de l'OCDE, 2016[1]

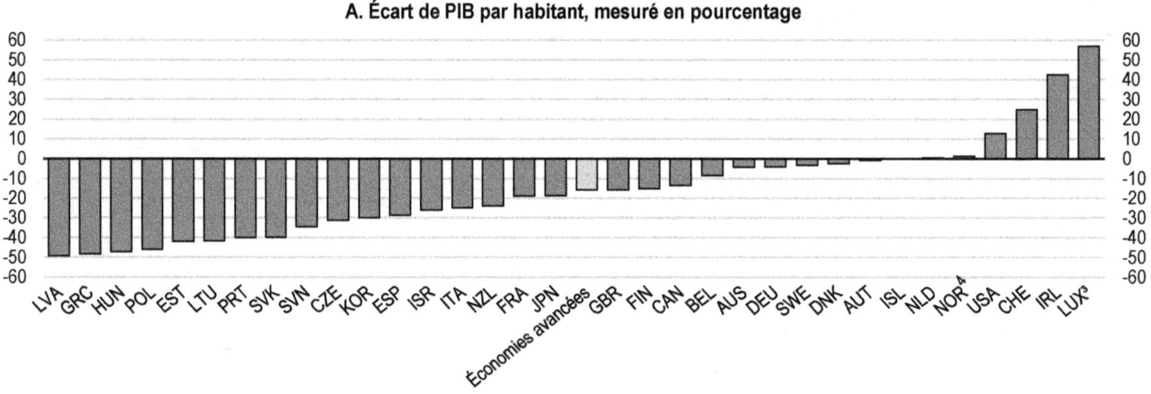


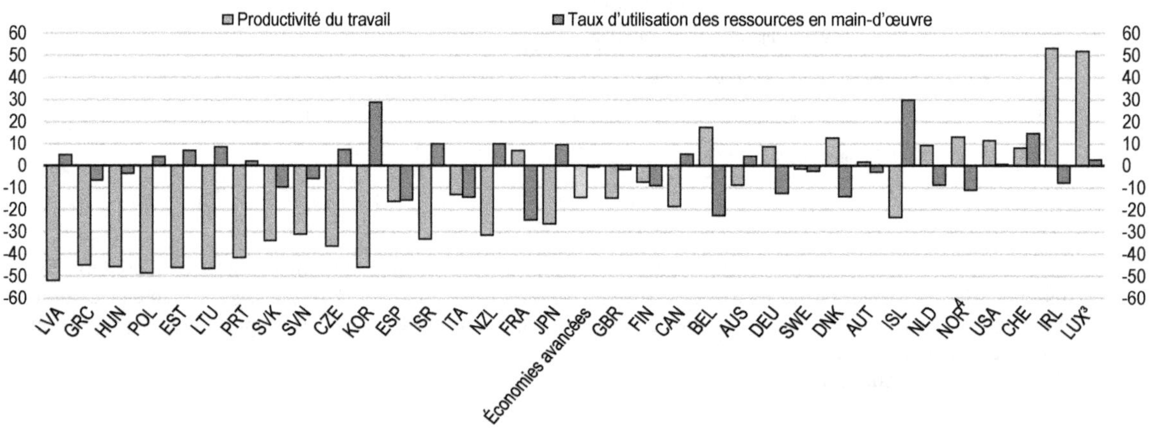


1. Écarts par rapport à la moyenne pondérée par la population des 17 pays de l'OCDE où le PIB par habitant était le plus élevé en 2016, sur la base des parités de pouvoir d'achat (PPA) de 2016. La somme des écarts en pourcentage de l'utilisation des ressources en main-d'œuvre et de la productivité du travail ne correspond pas exactement à l'écart de PIB par habitant dans la mesure où la décomposition est multiplicative.
2. La productivité du travail correspond au PIB par heure travaillée. L'utilisation des ressources en main-d'œuvre est mesurée par le nombre total d'heures travaillées par habitant.
3. Dans le cas du Luxembourg, on ajoute à la population le nombre de travailleurs frontaliers afin de prendre en compte leur contribution au PIB.
4. Les données font référence au PIB de la Norvège continentale, hors production pétrolière et transport maritime. Si l'on surestime le potentiel de revenu durable de ce pays en le mesurant avec le PIB total, on le sous-estime légèrement en utilisant le PIB continental, étant donné que le rendement des actifs financiers détenus à l'étranger par le Fonds pétrolier n'est pas pris en compte.

*Source*: OCDE, Base de données des comptes nationaux, Base de données sur la productivité, Base de données des Perspectives de l'emploi de l'OCDE et Base de données des Perspectives économiques de l'OCDE.

StatLink http://dx.doi.org/10.1787/888933680134

**Graphique 1.5. Origine des écarts de revenu réel dans les économies émergentes**

Comparaison avec la moitié supérieure des pays de l'OCDE, 2016[1]

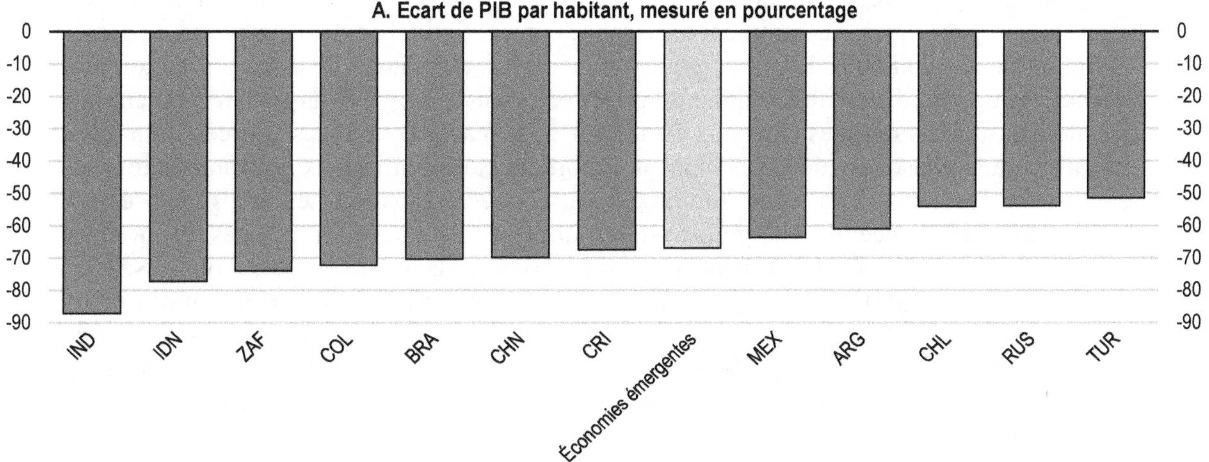


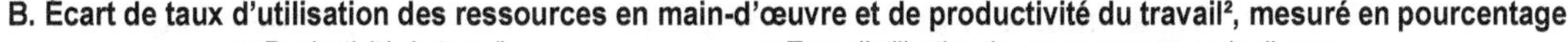


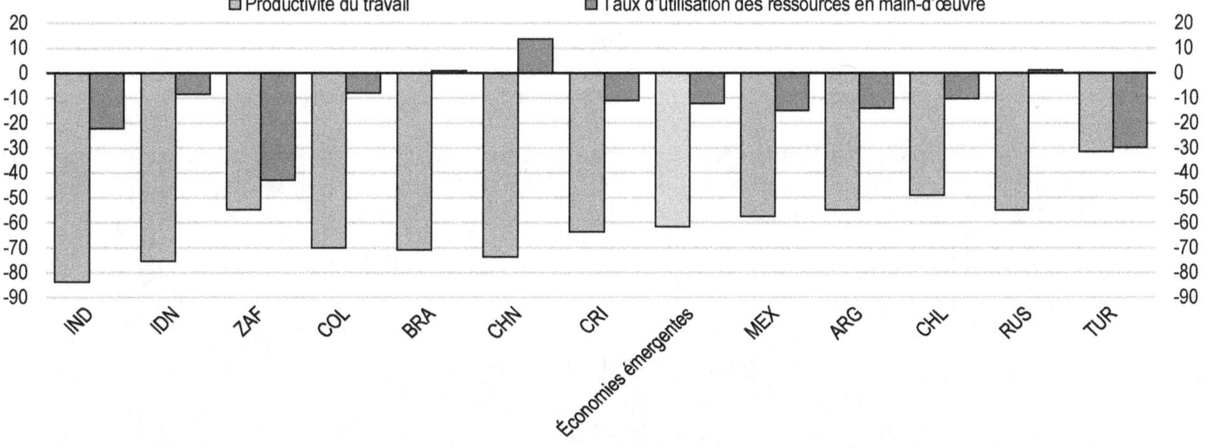


1. Écarts par rapport à la moyenne pondérée par la population des 17 pays de l'OCDE où le PIB par habitant était le plus élevé en 2016, sur la base des parités de pouvoir d'achat (PPA) de 2016. La somme des écarts en pourcentage de l'utilisation des ressources en main-d'œuvre et de la productivité du travail ne correspond pas exactement à l'écart de PIB par habitant dans la mesure où la décomposition est multiplicative.

2. La productivité du travail correspond au PIB par personne occupée. L'utilisation de la ressource en main-d'œuvre correspond à l'emploi en pourcentage de la population.

*Source* : OCDE, Base de données des comptes nationaux, Base de données sur la productivité ; Banque mondiale, Base de données des Indicateurs du développement dans le monde ; Organisation internationale du travail (OIT), Base de données des Indicateurs clés du marché du travail pour les données sur l'emploi concernant le Brésil, la Colombie et l'Indonésie ; Office statistique sud-africain (Statistics South Africa) pour les données sur l'emploi en Afrique du Sud ; Enquête nationale par sondage (National Sample Survey) de l'Inde (diverses années), estimations annuelles de la population des services du Directeur général de l'état civil (Registrar General) et estimations de l'OCDE pour l'emploi en Inde ; ministère chinois des Ressources humaines et de la Sécurité sociale pour les données sur l'emploi concernant la Chine.

StatLink http://dx.doi.org/10.1787/888933680153

Tandis que la situation s'améliore sur le marché de l'emploi – grâce à une reprise cyclique conjuguée aux mesures prises en regard de priorités antérieures liées à l'emploi –, les préoccupations à moyen terme portent plutôt sur le ralentissement de la croissance de la productivité et sur la transmission des progrès technologiques des entreprises pionnières à une population d'entreprises plus large. Par conséquent, les priorités de réforme pour 2017, surtout dans les économies avancées, consistent essentiellement à stimuler le dynamisme des entreprises et la diffusion des connaissances (c'est la catégorie « Entreprises » dans le Graphique 1.6). La réglementation applicable à l'ensemble de l'économie et les règles sectorielles spécifiques – notamment les services professionnels et la distribution au détail – font partie des domaines les plus fréquemment ciblés, de même que la simplification des licences et permis. Une autre gamme de priorités consiste à opérer un transfert de charge fiscale des sources directes (revenus du travail et du capital) vers des sources indirectes (taxation de la consommation, des biens immobiliers et des émissions polluantes), tout en élargissant l'assiette fiscale, en renforçant la connectivité dans les transports et en améliorant l'efficience de l'administration publique. Pour ce qui est des économies émergentes, stimuler le dynamisme des entreprises et la diffusion des connaissances représente une proportion encore plus large du total des priorités (environ la moitié) ; il s'agit principalement de rationaliser l'attribution des permis, d'abaisser les barrières aux échanges et à l'investissement, de procéder plus souvent à des analyses d'impact de la réglementation, d'ouvrir des guichets uniques, d'améliorer la qualité et l'accessibilité des infrastructures, et de renforcer l'état de droit.

**Graphique 1.6. Répartition des priorités d'*Objectif croissance* par grande catégorie**

2017

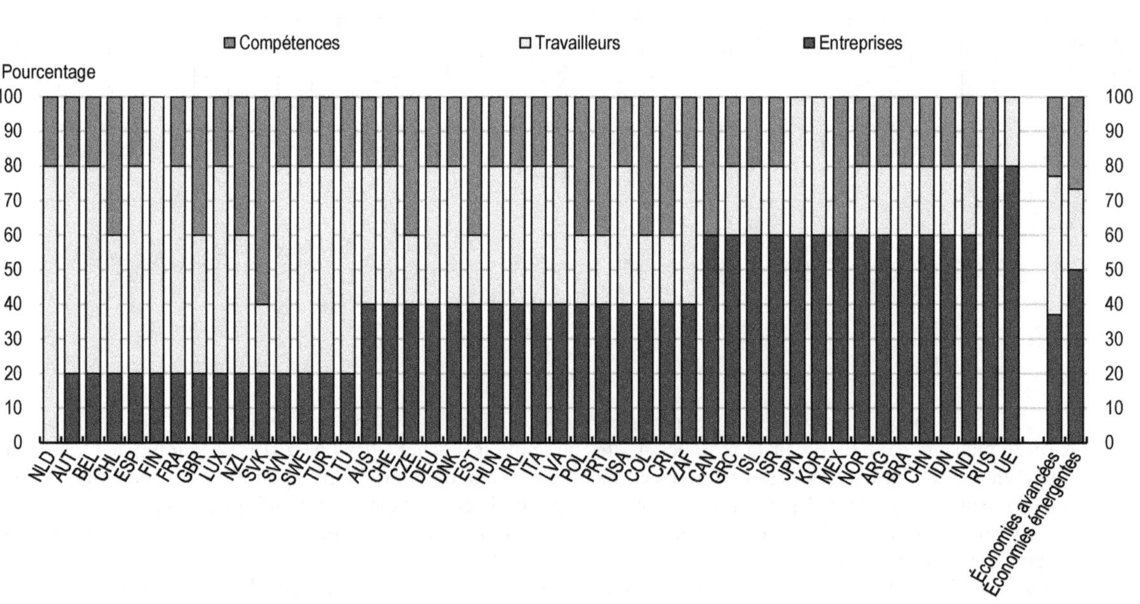


StatLink http://dx.doi.org/10.1787/888933680172

Les priorités destinées à aider les travailleurs actuels et futurs à acquérir ou améliorer leurs compétences et celles visant à accroître la capacité globale d'innovation de l'économie auront aussi pour effet de remédier au ralentissement des gains de productivité, mais avec un important aspect d'inclusivité, puisqu'elles sont orientées vers une croissance à long terme au bénéfice de tous. Dans les économies avancées, un quart des priorités se classent dans cette catégorie, mais elles sont prédominantes en République slovaque, et importantes au Canada, en Estonie, en Nouvelle-Zélande, en Pologne, au Portugal, en République tchèque et au Royaume-Uni (c'est la catégorie « Compétences » dans le graphique 1.6). Quelque 80 % des priorités relatives aux compétences concernent la nécessité de réformer le système éducatif, les occurrences les plus fréquentes étant le soutien aux élèves défavorisés, l'amélioration de la qualité de l'enseignement ainsi que de l'enseignement et de la formation professionnels (EFP), et le développement de l'apprentissage tout au long de la vie. Viennent ensuite les priorités relatives à la R-D et à l'innovation. Dans les économies émergentes aussi, l'accent est mis sur l'éducation : environ 80 % des priorités en matière de compétences concernent l'enseignement professionnel supérieur et la formation professionnelle, ainsi que l'enseignement primaire et secondaire.

Enfin, les priorités visant à aider les travailleurs à s'adapter à l'évolution des métiers et des tâches et à encourager la cohésion sociale portent avant tout sur les moyens de faciliter l'accès au marché du travail et de maintenir un lien avec ce marché (c'est la catégorie « Travailleurs » dans le Graphique 1.6). Une attention particulière est accordée aux groupes dont les taux d'activité et d'emploi sont traditionnellement plus faibles, et qui risquent davantage de s'éloigner du marché du travail : les femmes, les minorités, les jeunes, les travailleurs peu qualifiés, les handicapés et les personnes âgées. En d'autres termes, l'accent est mis sur les politiques qui ont le plus de potentiel pour rendre la croissance plus inclusive. Les pays accusant les plus grands écarts en matière d'utilisation de la main-d'œuvre ont généralement une forte proportion de priorités dans la catégorie « Travailleurs » (Belgique, Espagne, France et Turquie – Graphique 1.6). Certains pays ayant un degré relativement élevé d'inégalité des revenus, telle que mesurée par le coefficient de Gini (Graphique 1.7), ont souvent une part plus faible de priorités classées dans la catégorie « Travailleurs » (Brésil, Chine, Costa Rica, Inde et Mexique). Au total, plus d'un tiers des priorités assignées aux économies avancées se rangent dans la catégorie « Travailleurs » (Graphique 1.6), dont plus de la moitié portent sur les obstacles implicites et explicites à l'emploi et à l'activité, ainsi que sur les politiques d'activation. Dans les économies de marché émergentes, les priorités classées dans la catégorie « Travailleurs » sont en moindre proportion et se concentrent sur l'emploi et les prestations sociales, la réglementation du marché du travail et les coins fiscaux.

**Graphique 1.7. Les inégalités restent un défi à relever, en particulier dans les économies en développement**

2014 ou dernière année disponible[1]

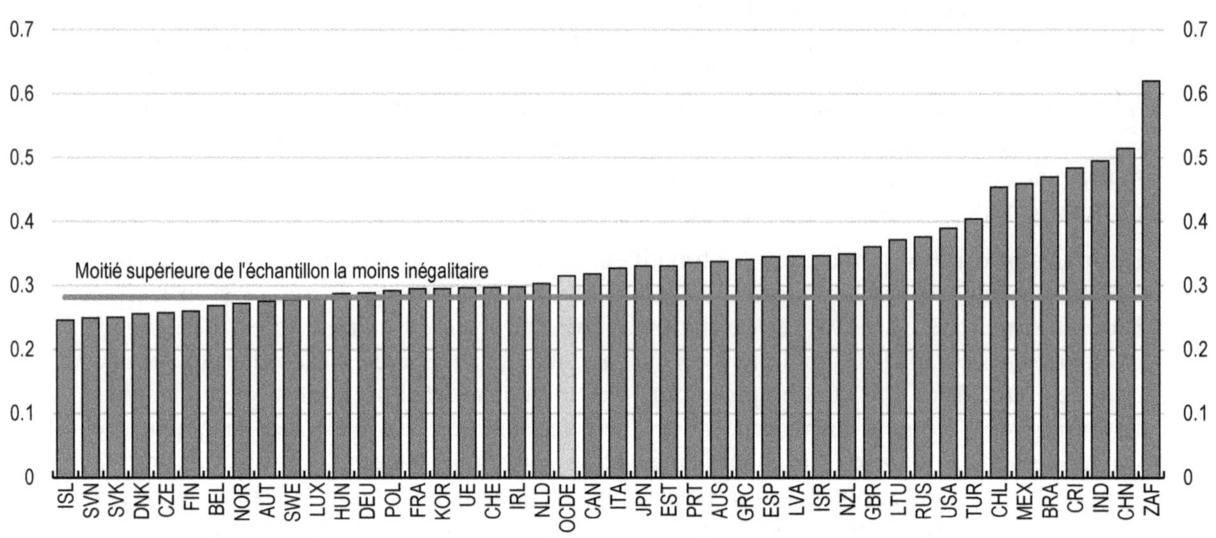


1. Coefficient de Gini du revenu disponible (après impôts et transferts), pour l'ensemble de la population. Dernière année disponible : 2016 pour le Costa Rica ; 2015 pour l'Afrique du Sud, le Chili, la Corée, les États-Unis, la Finlande, Israël, les Pays-Bas et le Royaume-Uni ; 2013 pour le Brésil et la Chine ; et 2011 pour la Fédération de Russie et l'Inde.
*Source* : OCDE, *Base de données sur la distribution des revenus.*

StatLink http://dx.doi.org/10.1787/888933680191

Il est important de noter que ces trois catégories, « Entreprises », « Compétences » et « Travailleurs », ne doivent pas être envisagées isolément. Pour que les réformes soient plus efficaces et que leurs avantages soient largement partagés – mais aussi pour qu'elles soient socialement et politiquement plus acceptables –, il est crucial de mettre en place une stratégie de réforme cohérente. Comme il était indiqué dans *Objectif croissance 2017*, une telle stratégie peut être très bénéfique si elle est formulée comme un train de réformes (explicite ou implicite), c'est-à-dire si elle associe différentes réformes au sein de chaque catégorie et sur l'ensemble des catégories, afin de dégager des synergies, gérer les arbitrages et améliorer la répartition des effets au fil du temps. Ainsi, les réformes visant à stimuler le dynamisme des entreprises – comme l'atténuation des obstacles à l'entrée et à la sortie des entreprises – devraient être accompagnées de mesures concernant le marché du travail pour aider les travailleurs vulnérables à retrouver un emploi. Il est probable que le regain de dynamisme et d'innovation généré par ces réformes accélérera la transformation des tâches et compétences demandées sur le marché, rendant nécessaire une réforme des politiques éducatives, dont les effets peuvent prendre plus de temps à se concrétiser.

## 1.4. Progrès accomplis vers le déblocage du développement des compétences et de la capacité d'innovation pour tous

Étant donné que les connaissances seront probablement le principal facteur de croissance à l'avenir, les politiques favorisant l'amélioration des compétences pour tous seront décisives à cet égard. Pour une vaste majorité des économies avancées et émergentes, l'amélioration de l'éducation et des compétences graphique depuis longtemps parmi les priorités de réforme ; les recommandations spécifiques dans ce domaine dépendent de l'origine des failles de l'action publique. Les vastes réformes menées sans relâche au fil des années ne sont toujours pas parvenues, dans la plupart des cas, à répondre pleinement aux priorités spécifiques des pays en matière de compétences, priorités qui sont souvent reprises d'une édition à l'autre d'*Objectif croissance*. De fait, les priorités relatives à l'éducation et aux compétences exigent souvent des efforts soutenus, et le suivi des actions menées, sur une longue période.

L'éducation est en outre un moteur essentiel de la capacité d'innovation d'une économie. Un solide réseau de transmission des connaissances, alimenté par la collaboration sur la R-D entre firmes mais aussi entre instituts d'enseignement supérieur et entreprises, est propice à une croissance tirée par l'innovation. L'existence d'une main-d'œuvre hautement qualifiée est essentielle pour que des idées soient adoptées et transformées en améliorations de la production. En outre, le fait d'offrir à une plus grande proportion d'entreprises, en particulier les plus petites et jeunes d'entre elles, l'accès à des sources de connaissances et à des compétences avancées peut contribuer à combler l'écart entre les entreprises situées à la frontière et celles qui sont à la traîne (Andrews et al., 2015), rendant ainsi la croissance de la productivité plus inclusive.

Une bonne concordance entre éducation et innovation dépend d'une gamme d'actifs plus large, pour la plupart intangibles : les compétences des salariés, le savoir-faire organisationnel, les bases de données, les capacités de conception, les stratégies de marque et diverses formes de propriété intellectuelle. Les politiques stimulant l'investissement dans de tels actifs devraient s'inscrire dans des conditions d'ensemble appropriées, notamment des politiques visant les marchés de produits, le marché du travail et les marchés financiers (y compris le capital-risque) qui encouragent la réallocation du capital et des emplois entre entreprises, ainsi qu'un droit de la faillite efficace, qui préserve un bon équilibre entre les coûts et les avantages que représente l'expérimentation entrepreneuriale. Ainsi, relever le défi de l'innovation est un objectif qui concerne la plupart des domaines de l'action publique couverts par *Objectif croissance*.

### *1.4.1. Réformes en faveur de l'enseignement primaire et secondaire*

Dans l'enseignement primaire et secondaire, il convient généralement de s'attacher à relever les qualifications des enseignants et à corriger les inégalités dans l'éducation, mais aussi à améliorer le ciblage et l'efficacité des ressources consacrées aux établissements et aux jeunes défavorisés (Tableau 1.1). Les rendements sociaux de l'éducation sont certes élevés, mais ils proviennent surtout des premiers cycles d'enseignement, en particulier pour les personnes défavorisées (Heckman et al., 2005). Il est donc important de relever la qualité des premiers niveaux de l'enseignement au bénéfice de larges segments de la population pour obtenir une amélioration de la productivité, mais aussi pour favoriser l'inclusivité, notamment en suscitant davantage de participation à l'enseignement supérieur. Les financements publics devraient accorder la priorité à un enseignement primaire et secondaire de qualité, parce que c'est là une condition préalable au relèvement des niveaux de compétences et à l'expansion de l'enseignement supérieur. Les économies de marché émergentes, quant à elles, se voient souvent recommander de remédier aux goulets d'étranglement dans les infrastructures scolaires, ce qui peut nécessiter davantage d'investissements publics. Parmi les mesures récemment adoptées dans ce domaine, on peut citer les suivantes.

- La France a réduit de moitié, à 12, le nombre d'élèves maximal par classe pour les deux premières années du primaire dans les quartiers défavorisés, une mesure qui est entrée en vigueur au début de l'année scolaire 2017-18.
- Le Mexique a achevé la mise en œuvre requise du Système national d'évaluation des enseignants, par lequel la quasi-totalité du corps enseignant a été évalué, et des investissements publics ont été lancés pour améliorer les infrastructures scolaires.
- La Suède a accru le budget consacré aux établissements obtenant des résultats médiocres ainsi que les crédits en faveur du deuxième cycle de l'enseignement secondaire au bénéfice des élèves qui n'obtiennent pas des notes suffisantes pour intégrer directement les filières standards.

### *1.4.2. Réformes visant à développer l'enseignement supérieur ainsi que l'enseignement et la formation professionnels*

Les recommandations concernant l'enseignement supérieur sont plus fréquentes pour les pays à revenus élevés, l'un des enjeux communs en la matière étant d'améliorer la capacité des universités à prendre en compte les besoins du marché du travail (Tableau 1.2). De fait, le numérique, la mondialisation, les évolutions démographiques et d'autres changements dans l'organisation du travail ne cessent de remodeler les besoins de compétences (OCDE, 2016b). Toute lenteur excessive dans la réaction des systèmes d'éducation et de formation, en particulier des universités, se traduit par l'acquisition de compétences inutiles et, à terme, par la persistance d'un déficit de compétences et d'un décalage entre l'offre et la demande. Ceux-ci coûtent cher aux individus, aux entreprises et à la collectivité en pesant sur les salaires, la productivité et la croissance. La flexibilité et la capacité de doter les élèves de compétences leur permettant de s'adapter plus rapidement à l'évolution des tâches sont donc vitales. De même, les recommandations dans le domaine de l'enseignement et de la formation professionnels (EFP) visent elles aussi à relever le défi que constitue l'alignement des compétences sur les besoins du marché du travail. L'expansion de l'EFP, ou le renforcement de son efficacité, permettra d'améliorer la passerelle entre les études et le marché du travail, ce qui sera nécessaire du fait que la nature de la croissance économique future impliquera probablement un renouvellement substantiel des entreprises (OCDE, 2015). Par conséquent, les politiques publiques devraient s'attacher à encourager un meilleur appariement sur le marché du travail et à aider la population active à s'adapter plus rapidement aux nouveaux besoins de compétences et aux modifications des structures industrielles et professionnelles. Voici certaines des mesures récemment adoptées dans ce domaine.

- La Colombie a lancé le Projet PACES pour l'accès et la qualité dans l'enseignement supérieur, en vue d'améliorer la qualité de celui-ci et de remédier aux inégalités d'accès en accordant des prêts aux étudiants défavorisés. Les prêts à l'éducation ont en outre été réformés pour éliminer le plafond et faciliter l'accès des étudiants pauvres aux universités agréées.
- L'Allemagne a simplifié les procédures et amélioré le soutien financier offert aux personnes qui suivent un apprentissage tout au long de la vie ainsi qu'aux diplômés de l'enseignement professionnel. De plus, les universités ont reçu des fonds supplémentaires pour accorder des bourses d'études, en particulier aux étudiants issus de l'enseignement professionnel. Les mesures visant à améliorer la transition école-travail, y compris l'orientation professionnelle, ont aussi été renforcées.

**Tableau 1.1. Recommandations émises et mesures prises dans l'enseignement primaire et secondaire**

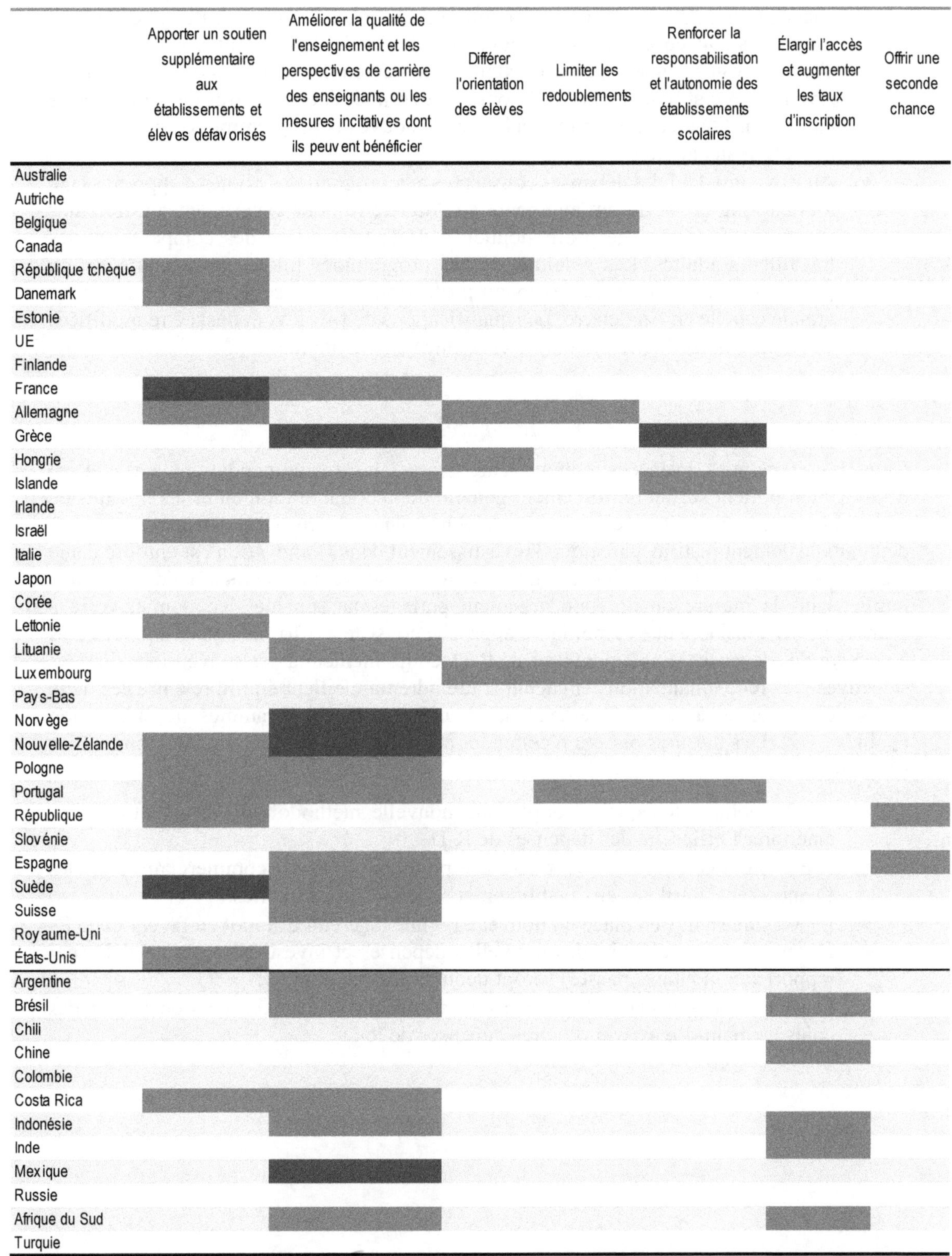

| | Apporter un soutien supplémentaire aux établissements et élèves défavorisés | Améliorer la qualité de l'enseignement et les perspectives de carrière des enseignants ou les mesures incitatives dont ils peuvent bénéficier | Différer l'orientation des élèves | Limiter les redoublements | Renforcer la responsabilisation et l'autonomie des établissements scolaires | Élargir l'accès et augmenter les taux d'inscription | Offrir une seconde chance |
|---|---|---|---|---|---|---|---|
| Australie | | | | | | | |
| Autriche | | | | | | | |
| Belgique | | | | | | | |
| Canada | | | | | | | |
| République tchèque | | | | | | | |
| Danemark | | | | | | | |
| Estonie | | | | | | | |
| UE | | | | | | | |
| Finlande | | | | | | | |
| France | | | | | | | |
| Allemagne | | | | | | | |
| Grèce | | | | | | | |
| Hongrie | | | | | | | |
| Islande | | | | | | | |
| Irlande | | | | | | | |
| Israël | | | | | | | |
| Italie | | | | | | | |
| Japon | | | | | | | |
| Corée | | | | | | | |
| Lettonie | | | | | | | |
| Lituanie | | | | | | | |
| Luxembourg | | | | | | | |
| Pays-Bas | | | | | | | |
| Norvège | | | | | | | |
| Nouvelle-Zélande | | | | | | | |
| Pologne | | | | | | | |
| Portugal | | | | | | | |
| République | | | | | | | |
| Slovénie | | | | | | | |
| Espagne | | | | | | | |
| Suède | | | | | | | |
| Suisse | | | | | | | |
| Royaume-Uni | | | | | | | |
| États-Unis | | | | | | | |
| Argentine | | | | | | | |
| Brésil | | | | | | | |
| Chili | | | | | | | |
| Chine | | | | | | | |
| Colombie | | | | | | | |
| Costa Rica | | | | | | | |
| Indonésie | | | | | | | |
| Inde | | | | | | | |
| Mexique | | | | | | | |
| Russie | | | | | | | |
| Afrique du Sud | | | | | | | |
| Turquie | | | | | | | |

*Note* : Les cellules bleues représentent des recommandations pour un pays donné dans un domaine donné (aucune suite donnée en 2017). Les cellules bordeaux représentent des suites données à une recommandation (réformes abouties ou en cours d'exécution).

- La Lettonie, pour sa part, a élaboré un cursus d'EFP modulaire qui offre des programmes de formation adaptés aux besoins de compétences spécifiques à chaque secteur d'activité. Elle a en outre mis en place un dispositif légal encadrant l'apprentissage en entreprise et augmenté les incitations fiscales à la poursuite d'études professionnelles en exemptant partiellement les étudiants de l'impôt sur le revenu. Les établissements d'EFP ont été regroupés et des Centres de compétences en EFP ont été créés pour mettre à l'essai de nouveaux programmes et proposer une formation aux adultes.
- Au Royaume-Uni, les dépenses consacrées aux programmes pilotes d'apprentissage tout au long de la vie ont augmenté en Angleterre pour expérimenter différentes approches du recyclage professionnel et de l'amélioration des compétences des travailleurs adultes. Les résultats de ces programmes pilotes iront alimenter un Programme national de reconversion professionnelle qui sera mis en place à plus grande échelle en Angleterre. Les qualifications de l'EFP vont aussi être modifiées de façon à simplifier le système d'enseignement technique.

### *1.4.3. Réformes visant à améliorer la capacité d'innovation*

Dans les économies avancées comme émergentes, les recommandations en matière d'innovation portent sur un renforcement général de la collaboration entre les instituts de recherche ou les universités et l'industrie. L'octroi d'un soutien public efficient à la R-D demeure également justifié, parce que l'investissement dans l'innovation est entouré d'une incertitude considérable et que les résultats obtenus ont souvent des caractéristiques de bien public, dans la mesure où ils sont largement partagés au sein de l'économie, voire à l'étranger. On considère que la meilleure approche consiste à offrir des incitations fiscales à engager des dépenses supplémentaires de R-D, conjointement à des subventions directes sélectives ; les recommandations engagent à atteindre un meilleur équilibre entre ces deux types de soutien et à mener une évaluation attentive des programmes de subvention (Tableau 1.3). Des mesures ont été récemment adoptées dans ce domaine, notamment les suivantes.

- La République tchèque a adopté une nouvelle méthodologie d'évaluation pour améliorer l'efficacité des dépenses de R-D.
- L'Estonie a considérablement accru le poids des contrats commerciaux dans les financements attribués aux établissements de recherche publics.
- Le Mexique a mis en place un nouveau régime de crédit d'impôt en faveur de la R-D, en vertu duquel 30 % des nouvelles dépenses et investissements de R-D (par rapport aux montants passés) seront déductibles des impôts.
- Les Pays-Bas ont élargi le mécanisme accordant des subventions en faveur des coûts de main-d'œuvre et d'autres dépenses de R-D.

## Tableau 1.2. Recommandations émises et mesures prises dans l'enseignement supérieur ainsi que dans l'enseignement et la formation professionnels

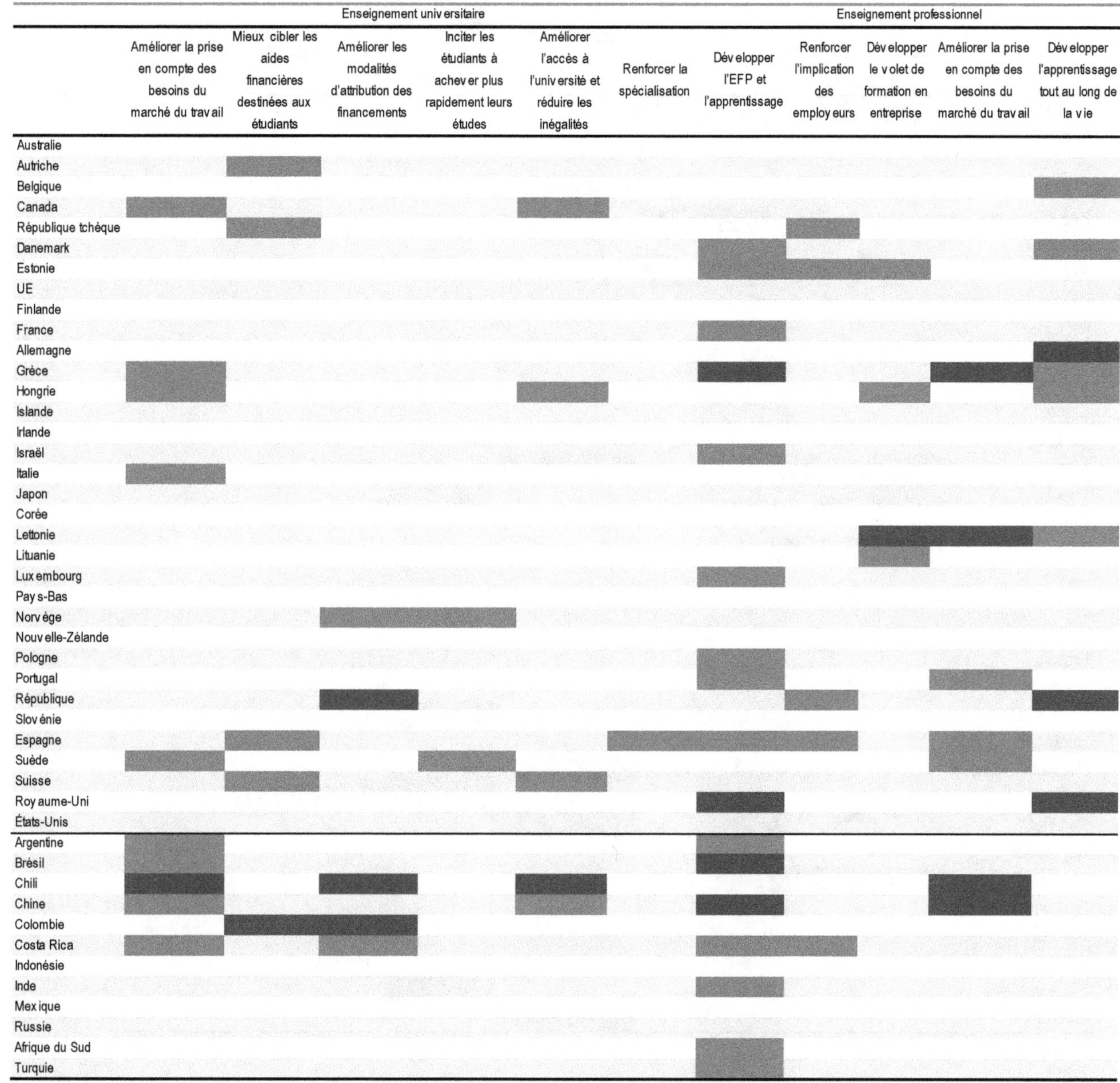


*Note* : Les cellules bleues représentent les recommandations pour un pays donné dans un domaine donné (aucune suite donnée en 2017). Les cellules bordeaux représentent les suites données à une recommandation (réformes abouties ou en cours d'exécution).

**Tableau 1.3. Recommandations émises et mesures prises dans le domaine de la R-D**

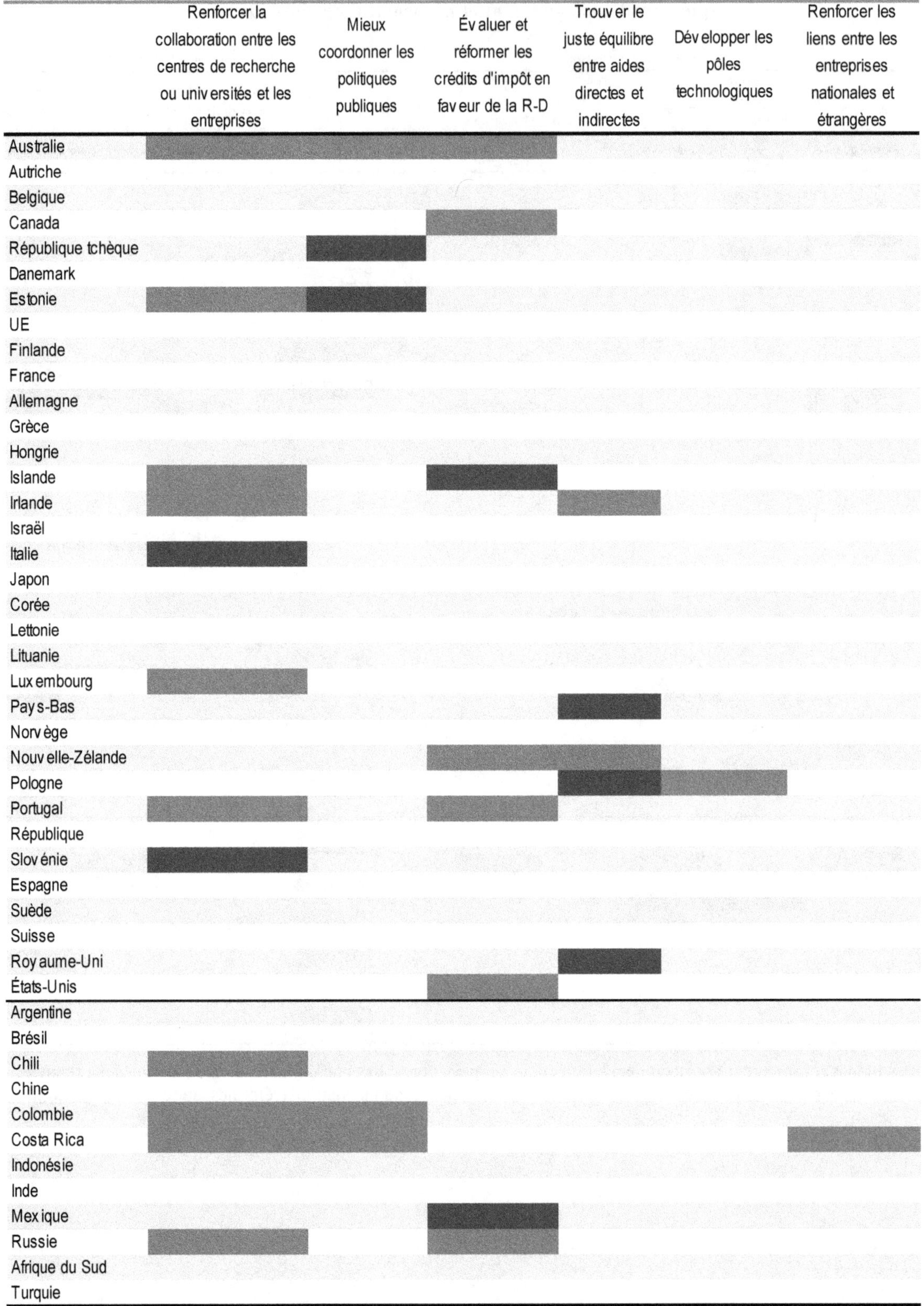

| | Renforcer la collaboration entre les centres de recherche ou universités et les entreprises | Mieux coordonner les politiques publiques | Évaluer et réformer les crédits d'impôt en faveur de la R-D | Trouver le juste équilibre entre aides directes et indirectes | Développer les pôles technologiques | Renforcer les liens entre les entreprises nationales et étrangères |
|---|---|---|---|---|---|---|
| Australie | | | | | | |
| Autriche | | | | | | |
| Belgique | | | | | | |
| Canada | | | | | | |
| République tchèque | | | | | | |
| Danemark | | | | | | |
| Estonie | | | | | | |
| UE | | | | | | |
| Finlande | | | | | | |
| France | | | | | | |
| Allemagne | | | | | | |
| Grèce | | | | | | |
| Hongrie | | | | | | |
| Islande | | | | | | |
| Irlande | | | | | | |
| Israël | | | | | | |
| Italie | | | | | | |
| Japon | | | | | | |
| Corée | | | | | | |
| Lettonie | | | | | | |
| Lituanie | | | | | | |
| Luxembourg | | | | | | |
| Pays-Bas | | | | | | |
| Norvège | | | | | | |
| Nouvelle-Zélande | | | | | | |
| Pologne | | | | | | |
| Portugal | | | | | | |
| République | | | | | | |
| Slovénie | | | | | | |
| Espagne | | | | | | |
| Suède | | | | | | |
| Suisse | | | | | | |
| Royaume-Uni | | | | | | |
| États-Unis | | | | | | |
| Argentine | | | | | | |
| Brésil | | | | | | |
| Chili | | | | | | |
| Chine | | | | | | |
| Colombie | | | | | | |
| Costa Rica | | | | | | |
| Indonésie | | | | | | |
| Inde | | | | | | |
| Mexique | | | | | | |
| Russie | | | | | | |
| Afrique du Sud | | | | | | |
| Turquie | | | | | | |

*Note* : Les cellules bleues représentent les recommandations pour un pays donné dans un domaine donné (aucune suite donnée en 2017). Les cellules bordeaux représentent les suites données à une recommandation (réformes abouties ou en cours d'exécution).

## 1.5. *Stimuler le dynamisme des entreprises et accélérer la diffusion des connaissances : les progrès accomplis*

Les dernières décennies ont vu un ralentissement persistant et inquiétant de la croissance de la productivité, laquelle constitue un facteur central de l'amélioration des niveaux de vie à long terme. Plus récemment, ce ralentissement a touché les économies émergentes et il laisse redouter une faible croissance mondiale à long terme, dans un contexte de vieillissement démographique. Des données récentes indiquent que ce ralentissement pourrait être imputable à des facteurs cycliques aussi bien que structurels, qui ont – jusqu'à maintenant – empêché les rapides changements technologiques de se traduire par des gains de productivité globaux, comme ils l'ont fait par le passé. Un facteur majeur, qui est en partie cyclique mais dans une certaine mesure aussi structurel, réside dans le niveau obstinément bas de l'investissement dans le capital physique (Ollivaud et al., 2016) : dans la plupart des économies avancées, la reprise de l'investissement non résidentiel est en retard sur celle du PIB, en particulier dans les pays européens. Pourtant, ce ralentissement global recouvre aussi une dispersion croissante des performances en matière de productivité, au sein des pays, entre entreprises et entre régions : certaines enregistrent des gains rapides de productivité engendrés par de rapides progrès technologiques, tandis que d'autres peinent à suivre. En d'autres termes, alors que la frontière de la productivité ne cesse d'avancer, ces gains ne se diffusent pas dans le reste de l'économie (Andrews et al., 2016).

Pour relever ces défis, les entreprises jouent un rôle déterminant. Elles peuvent offrir des emplois, contribuer à l'amélioration des compétences et participer à la diffusion des connaissances et des technologies, ce qui est particulièrement important pour les économies émergentes. Pour ce faire, elles ont cependant besoin d'un environnement qui soit porteur et qui établisse des conditions de concurrence équitable, de sorte qu'elles puissent se mesurer sur le plan des idées et des modèles économiques. Les décideurs publics doivent donc déployer une gamme de politiques qui i) permettent aux entreprises d'investir dans des innovations radicales ; ii) facilitent l'accès des entreprises aux travailleurs qualifiés, aux financements et aux marchés afin qu'elles puissent tester de nouvelles idées et les utiliser pour se développer ; iii) soutiennent la diffusion de l'innovation dans toute l'économie et dans le monde entier, permettant ainsi à toutes les entreprises de tirer parti de ces innovations pour s'agrandir ; et iv) permettent une sortie sans heurts du marché pour les entreprises non productives, afin de dégager de précieuses ressources, y compris des travailleurs, pour qu'ils puissent participer à des activités plus gratifiantes.

La réalisation de ces objectifs s'étendra sur de nombreux domaines d'action, qu'il s'agisse de la concurrence et de la réglementation des marchés de produits, de l'innovation ou des marchés financiers. Le cadre d'*Objectif croissance* recense ces priorités spécifiques aux pays, qui doivent faire l'objet de politiques nationales. La mondialisation – c'est-à-dire l'intensification de l'intégration économique et de l'interdépendance des pays – s'accompagne de nouveaux défis qui imposent une coordination internationale renforcée en matière de politiques structurelles dans un certain nombre de domaines : outre le commerce, il s'agit de la R-D, de la protection des droits de propriété intellectuelle, de la fiscalité, de la concurrence et d'autres secteurs en rapport avec les entreprises.

### *1.5.1. Réformes de réglementations applicables à l'ensemble de l'économie et de réglementations sectorielles destinées à faciliter l'entrée des entreprises sur le marché et leur sortie*

Une réglementation des marchés de produits favorable à la concurrence exerce un effet sur la productivité globale qui passe par divers canaux, comme le rythme auquel de nouveaux secteurs peuvent se développer, les incitations à déployer des efforts d'innovation et à adopter de nouvelles technologies, ainsi que la capacité de l'économie à allouer le capital et le travail de façon optimale. Dans les économies émergentes, le poids élevé de la réglementation peut, par ailleurs, constituer un obstacle au passage à l'économie formelle. D'après les estimations de leurs répercussions potentielles, les réformes des marchés de produits seraient largement payantes, en ce sens qu'elles produisent assez rapidement une hausse des niveaux de vie (Egert et Gal, 2017). De surcroît, des éléments empiriques récents donnent à penser que ces réformes, favorables à la concurrence, peuvent être inclusives en ce sens qu'elles poussent les revenus vers le haut dans l'ensemble de la distribution des revenus des ménages sans rien changer globalement aux inégalités (Causa et al., 2016). À l'échelle de l'économie, un allégement du poids de la réglementation s'impose dans de nombreux pays. Il est fréquemment recommandé, à cet égard, de simplifier la réglementation tout en facilitant l'entrée des entreprises sur le marché grâce à des procédures d'attribution de permis et de licences plus simples et transparentes, de réduire l'ampleur des entreprises publiques tout en améliorant leur gouvernance, et de renforcer les cadres de la concurrence (Tableau 1.4). Parmi les actions récemment menées dans ce domaine, on peut citer les suivantes.

- La Hongrie a adopté une nouvelle législation visant à relever sensiblement les seuils de notification de fusion. De plus, la directive de l'UE sur les actions en dommages et intérêts du fait de pratiques anticoncurrentielles a été transposée dans le droit national, de sorte qu'il est plus facile, pour les parties lésées, d'obtenir la réparation des dommages subis par suite de pratiques contraires à la concurrence.
- Le Chili déploie son programme numérique 2020 pour développer l'adoption de procédures numériques par les ménages et les entreprises. En outre, 40 collectivités locales expérimentent actuellement la plateforme numérique « Escritorio Empresa », qui vise à simplifier les procédures pour les entreprises.
- La Lettonie a adopté un plan d'action pour améliorer l'environnement des entreprises, qui prévoit notamment l'enregistrement en ligne des nouvelles entreprises dès 2018, et l'enregistrement des biens immobiliers à l'aide d'une signature électronique sécurisée, sans passer par un notaire.

**Tableau 1.4. Recommandations émises et mesures prises pour éliminer les distorsions induites par la réglementation et encourager l'entrée et la sortie des entreprises**

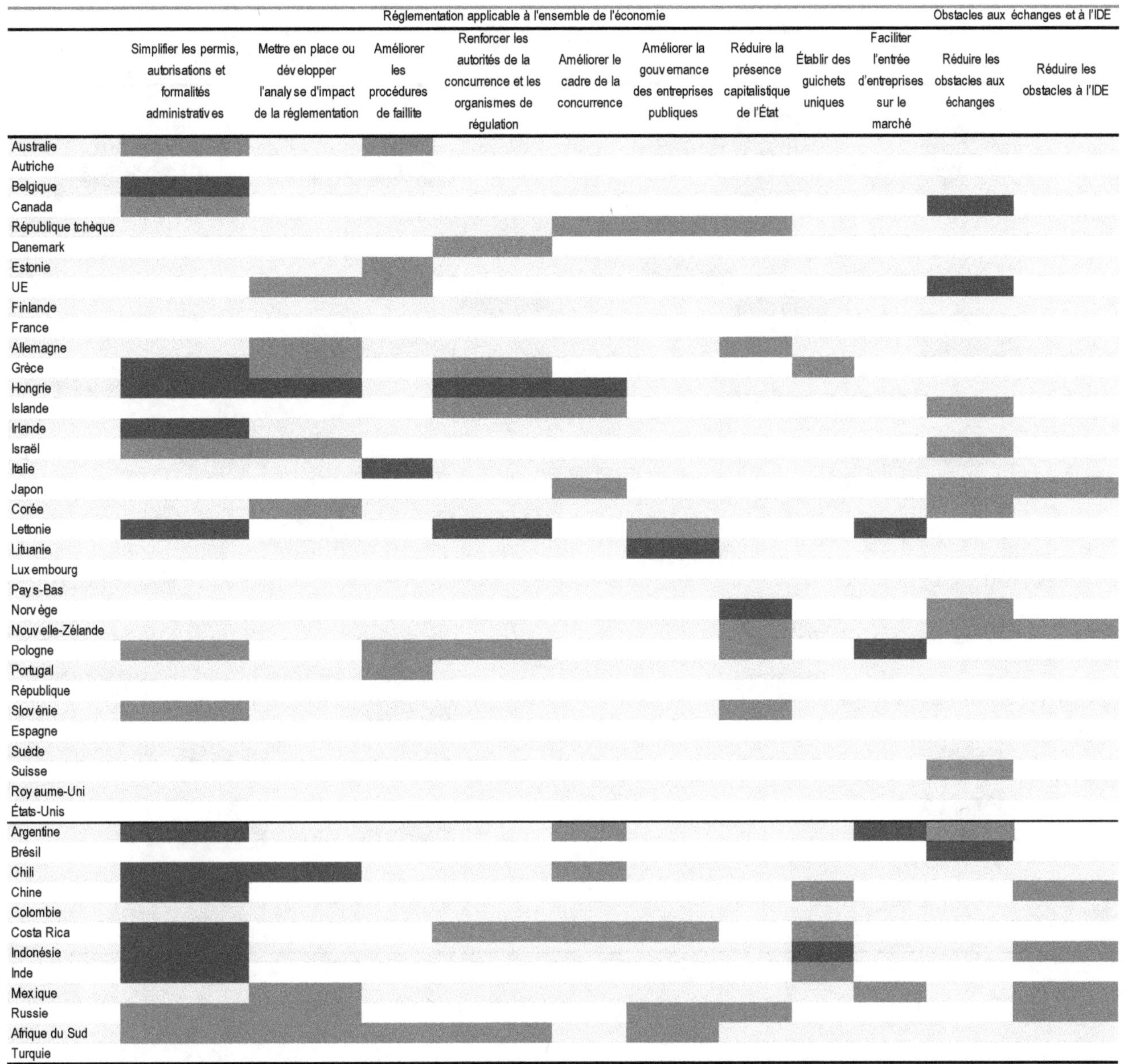

| | Réglementation applicable à l'ensemble de l'économie | | | | | | | | Obstacles aux échanges et à l'IDE | |
|---|---|---|---|---|---|---|---|---|---|---|
| | Simplifier les permis, autorisations et formalités administratives | Mettre en place ou développer l'analyse d'impact de la réglementation | Améliorer les procédures de faillite | Renforcer les autorités de la concurrence et les organismes de régulation | Améliorer le cadre de la concurrence | Améliorer la gouvernance des entreprises publiques | Réduire la présence capitalistique de l'État | Établir des guichets uniques | Faciliter l'entrée d'entreprises sur le marché | Réduire les obstacles aux échanges | Réduire les obstacles à l'IDE |
| Australie | | | | | | | | | | | |
| Autriche | | | | | | | | | | | |
| Belgique | | | | | | | | | | | |
| Canada | | | | | | | | | | | |
| République tchèque | | | | | | | | | | | |
| Danemark | | | | | | | | | | | |
| Estonie | | | | | | | | | | | |
| UE | | | | | | | | | | | |
| Finlande | | | | | | | | | | | |
| France | | | | | | | | | | | |
| Allemagne | | | | | | | | | | | |
| Grèce | | | | | | | | | | | |
| Hongrie | | | | | | | | | | | |
| Islande | | | | | | | | | | | |
| Irlande | | | | | | | | | | | |
| Israël | | | | | | | | | | | |
| Italie | | | | | | | | | | | |
| Japon | | | | | | | | | | | |
| Corée | | | | | | | | | | | |
| Lettonie | | | | | | | | | | | |
| Lituanie | | | | | | | | | | | |
| Luxembourg | | | | | | | | | | | |
| Pays-Bas | | | | | | | | | | | |
| Norvège | | | | | | | | | | | |
| Nouvelle-Zélande | | | | | | | | | | | |
| Pologne | | | | | | | | | | | |
| Portugal | | | | | | | | | | | |
| République | | | | | | | | | | | |
| Slovénie | | | | | | | | | | | |
| Espagne | | | | | | | | | | | |
| Suède | | | | | | | | | | | |
| Suisse | | | | | | | | | | | |
| Royaume-Uni | | | | | | | | | | | |
| États-Unis | | | | | | | | | | | |
| Argentine | | | | | | | | | | | |
| Brésil | | | | | | | | | | | |
| Chili | | | | | | | | | | | |
| Chine | | | | | | | | | | | |
| Colombie | | | | | | | | | | | |
| Costa Rica | | | | | | | | | | | |
| Indonésie | | | | | | | | | | | |
| Inde | | | | | | | | | | | |
| Mexique | | | | | | | | | | | |
| Russie | | | | | | | | | | | |
| Afrique du Sud | | | | | | | | | | | |
| Turquie | | | | | | | | | | | |

*Note* : Les cellules bleues représentent les recommandations pour un pays donné dans un domaine donné (aucune suite donnée en 2017). Les cellules bordeaux représentent les suites données à une recommandation (réformes abouties ou en cours d'exécution).

**Tableau 1.5. Recommandations émises et mesures prises pour alléger le poids de la réglementation sectorielle**

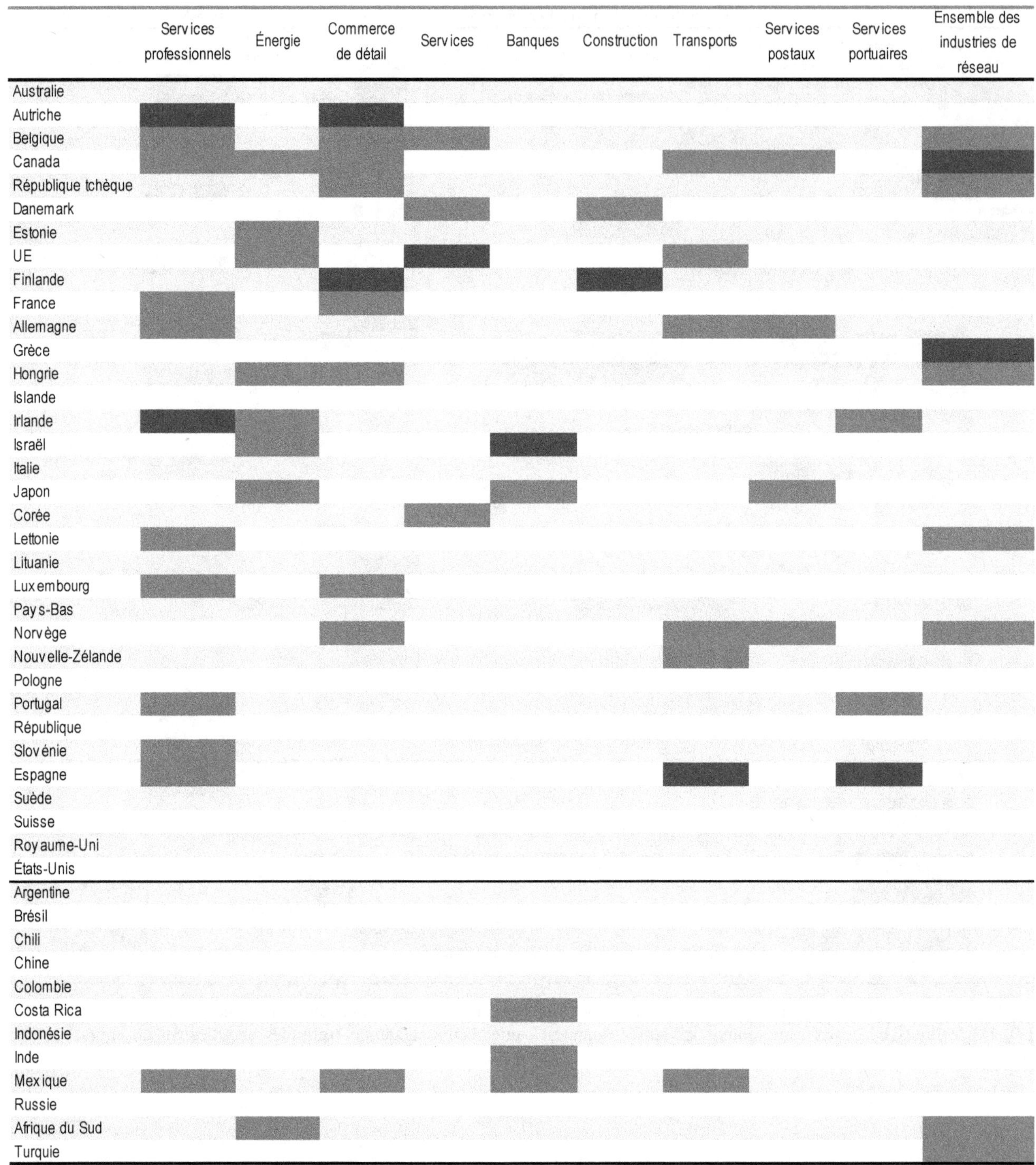


*Note* : Les cellules bleues représentent les recommandations pour un pays donné dans un domaine donné (aucune suite donnée en 2017). Les cellules bordeaux représentent les suites données à une recommandation (réformes abouties ou en cours d'exécution).

D'autres recommandations fréquentes visent à alléger le poids de la réglementation sectorielle, surtout dans les secteurs non manufacturiers, c'est-à-dire le commerce de détail et les services professionnels ainsi que les industries de réseau (Tableau 1.5). Une réforme des marchés de produits dans ces secteurs pourrait faciliter l'ajustement des coûts unitaires de main-d'œuvre dans un contexte de faible inflation. En outre, réduire les obstacles réglementaires à l'entrée des entreprises et à la concurrence dans les secteurs où il existe une demande non satisfaite, comme le commerce de détail et les services professionnels, peut stimuler la création d'emplois. Une concurrence accrue, surtout dans les services, contribuerait à ce que les gains de productivité se traduisent principalement par des hausses de salaire et à ce que les revenus réels des travailleurs bénéficient aussi d'une baisse des prix à la consommation. Ainsi, les travailleurs pourraient profiter des avantages découlant des précédentes réformes du marché du travail. En réalité, les réformes des marchés de produits sont devenues encore plus importantes aujourd'hui, dans la mesure où le manque de concurrence sur certains de ces marchés risque de compromettre la réussite de réformes antérieures destinées à libéraliser le marché du travail. Voici certaines des mesures récemment adoptées dans ce domaine.

- Le Costa Rica a simplifié la procédure d'enregistrement des produits alimentaires et cosmétiques à faible risque, et lancé des projets pilotes avec les collectivités locales pour rationaliser la procédure d'attribution de licences.
- Le Paquet « Services » adopté par la Commission européenne vise à éliminer les obstacles présents sur le marché des services. Il comporte quatre initiatives : i) un projet d'amélioration de la procédure de notification prévue par la directive sur les services ; ii) des orientations concernant les besoins spécifiques de réforme par pays ; iii) un cadre analytique pour le contrôle de proportionnalité, qui aide les États membres à repérer les cas dans lesquels la réglementation est disproportionnée ou inutile ; et iv) une proposition de directive instaurant une carte électronique de services, qui permettra d'exercer plus facilement à l'étranger certaines activités dans le secteur des services. Ces propositions encourageront la mobilité des professionnels et simplifieront les procédures administratives applicables aux prestataires européens de services commerciaux qui cherchent à élargir leur activité à d'autres pays de l'UE.
- L'Irlande a simplifié les procédures d'octroi de licence pour créer une société, grâce au service *Integrated Licence Application Service* (ILAS).
- L'Espagne a adopté des mesures pour faciliter la mise en œuvre de la loi relative à l'unité du marché.

Les politiques qui encouragent des conditions efficientes d'entrée et de sortie des entreprises figurent régulièrement dans *Objectif croissance* (Tableau 1.4). Pour repousser la frontière de la production, il faut pouvoir expérimenter de nouvelles technologies et des modèles opérationnels différents. Étant donné que les nouvelles entreprises sont souvent le vecteur par lequel ces nouvelles technologies et pratiques opérationnelles pénètrent sur le marché, les politiques en la matière devraient être propices à l'entrée des entreprises sur le marché, tandis que les conditions-cadre doivent faire en sorte que de nouvelles firmes innovantes puissent prendre pied sur le marché. Des éléments récents laissent penser que le cadre des politiques publiques favorise souvent les entreprises en place au détriment des start-ups (Calvino et al., 2016). Certaines politiques et règlementations – adoptées pour de bonnes raisons, comme la protection des consommateurs et de l'environnement – en arrivent parfois à faire obstacle à l'entrée de nouvelles technologies et pratiques commerciales. Dans de nombreux cas, il serait possible d'éviter ou de minimiser ces caractéristiques aux effets négatifs. Cependant, le cadre des politiques ne devrait pas seulement favoriser l'entrée de nouvelles entreprises et leur expansion, mais il devrait aussi encourager les entreprises non rentables à fermer. Dans le cas d'une start-up, un échec doit être considéré par son responsable comme une occasion d'apprendre et de rebondir, de trouver de nouvelles opportunités qui conduiront à une croissance plus rapide, et donc de créer de nouvelles possibilités d'emploi. Il en résulte aussi une diffusion plus efficace des connaissances. Concrètement, cela signifie que le droit de la faillite ne doit pas pénaliser excessivement la défaillance des entreprises (voir aussi le chapitre 3). Dans ce domaine, des mesures ont été récemment adoptées.

- L'Argentine a adopté une nouvelle loi sur l'entrepreneuriat qui vise à réduire les obstacles pour les start-ups.
- La Lettonie a créé un système de suivi pour les procédures d'insolvabilité.
- La Pologne a adopté un ensemble de réformes (*Constitution for Business*) visant à faciliter le lancement, la conduite et l'achèvement des activités commerciales.

Une plus grande ouverture aux échanges et à l'investissement direct étranger (IDE) permet d'accéder à l'offre et à la demande mondiales de biens, de services, de technologies et de connaissances. Qui plus est, elle stimule la concurrence et les retombées de connaissances (Andrews et Cingano, 2012), et facilite la participation aux chaînes de valeur mondiales (CVM). Cependant, les CVM peuvent, de fait, accentuer l'impact négatif des barrières commerciales tarifaires et non tarifaires lorsque les biens et les services traversent les frontières plusieurs fois (OCDE, 2013) –ce qui milite encore plus en faveur du démantèlement de ces obstacles. Les recommandations dans ce domaine couvrent les barrières tarifaires et surtout non tarifaires, qui demeurent particulièrement préoccupantes, tant en général que dans certains secteurs spécifiques. Aucun progrès important n'a été accompli en matière d'obstacles aux échanges et à l'investissement, même si le Brésil a réduit les obligations de contenu local pour les projets d'investissement dans le secteur des hydrocarbures.

Des subventions inefficaces, notamment en faveur de l'énergie et de la production agricole, peuvent nuire à l'efficience de l'allocation des ressources et accroître les pressions sur l'environnement naturel. Si la réduction de ce type de subventions figure de longue date parmi les priorités pour plusieurs économies avancées et au niveau de l'UE, aucune avancée n'a été constatée en 2017. Dans les économies émergentes, toutefois, l'Argentine a déployé d'importants efforts pour réduire les subventions aux combustibles fossiles.

### *1.5.2. Réformes visant à rendre la fiscalité plus propice à la croissance*

De solides éléments témoignent de l'impact de la structure fiscale sur l'expansion économique, non seulement par ses effets sur l'utilisation de la main-d'œuvre (voir plus haut) mais aussi sur l'investissement privé et la productivité (Arnold et al., 2011). Le système fiscal peut devenir plus favorable à la croissance et à l'équité si l'on opère un transfert de charge fiscale vers les biens immobiliers, élargit l'assiette fiscale et réduit la fragmentation du système fiscal. L'imposition de taxes environnementales peut aussi contribuer à améliorer la viabilité de la croissance et du bien-être à long terme, à condition que des mesures soient prises pour que les ménages à faibles revenus ne soient pas atteints de façon disproportionnée par ces impôts écologiques. Le rythme des réformes dans ce domaine s'est ralenti récemment dans les économies avancées, après le vaste mouvement de réformes fiscales qui a suivi la crise. Il existe encore une large marge d'amélioration à cet égard, et les réformes fiscales figurent souvent parmi les priorités. Les recommandations varient en fonction des résultats et des faiblesses de chaque pays (Tableau 1.6). Un abaissement des impôts sur la main-d'œuvre et sur les sociétés est généralement recommandé, parallèlement à une augmentation des impôts indirects ; la question de savoir s'il est recommandé de relever un ou plusieurs de ces impôts dépend des sources de distorsion propres au pays. De surcroît, il peut être difficile de trouver le juste équilibre : du fait que ces réformes risquent de creuser les inégalités, leur champ d'application peut être limité dans certains cas (Causa et al., 2016). On trouvera certaines des mesures récemment adoptées dans ce domaine.

- L'Argentine a élargi l'assiette de l'impôt sur le revenu des particuliers : les revenus du capital seront dorénavant imposés, ce qui renforcera la progressivité. De plus, une réduction des cotisations patronales de sécurité sociale au titre des travailleurs peu qualifiés encouragera la transition vers l'économie formelle. Cette réforme prévoit aussi d'abaisser, de 35 à 25 %, le taux de l'impôt sur les sociétés au titre des bénéfices réinvestis.
- Au Canada, le budget fédéral a éliminé un certain nombre de mesures fiscales inefficientes, et supprimé certaines dépenses fiscales pour plus de cohérence.
- Le Danemark a lancé une réforme de l'impôt sur les biens immobiliers : le montant des taxes sera désormais fonction de l'évolution des prix de l'immobilier, et un nouveau système d'évaluation foncière verra le jour.
- La Grèce a amélioré le respect des obligations fiscales et abaissé d'un tiers, à compter de 2020, le seuil de non-imposition pour les revenus des particuliers.
- L'Italie a pris de nouvelles mesures pour réduire l'évasion fiscale, en particulier au titre de la TVA, et pour lever des recettes supplémentaires grâce à un programme de régularisation fiscale volontaire.
- L'Inde a mis en œuvre la taxe sur les biens et services.
- La Norvège a abaissé le taux de l'impôt sur les sociétés pour le porter de 25 % à 24 %, et une nouvelle réduction, à 23 %, est prévue pour 2018.
- La Lettonie a remplacé la taxe sur les automobiles et les motocyclettes par une taxe annuelle sur les véhicules à moteur, dont le taux est lié à la performance au regard des normes d'émission de $CO_2$.
- La Pologne a amélioré le respect des règles en matière de TVA, à la suite de changements apportés à la loi en la matière et au code fiscal.
- Le Portugal a réduit le privilège fiscal dont bénéficiait la dette par rapport aux capitaux propres, notamment en instaurant un abattement d'impôt sur les capitaux propres des entreprises.
- L'Espagne a pris plusieurs mesures pour élargir la base d'imposition du revenu des sociétés. Elle a relevé les taxes sur l'alcool et le tabac. Par ailleurs, elle a adopté un système électronique de déclaration de la TVA qui permet de détecter les fraudes.
- La Suisse a relevé la taxe sur le $CO_2$, de 84 à 96 CHF.
- Les États-Unis ont abaissé le taux de l'impôt sur les sociétés, qui est passé de 35 % à 21 %.

**Tableau 1.6. Recommandations émises et mesures prises concernant la structure et l'efficience du système fiscal**

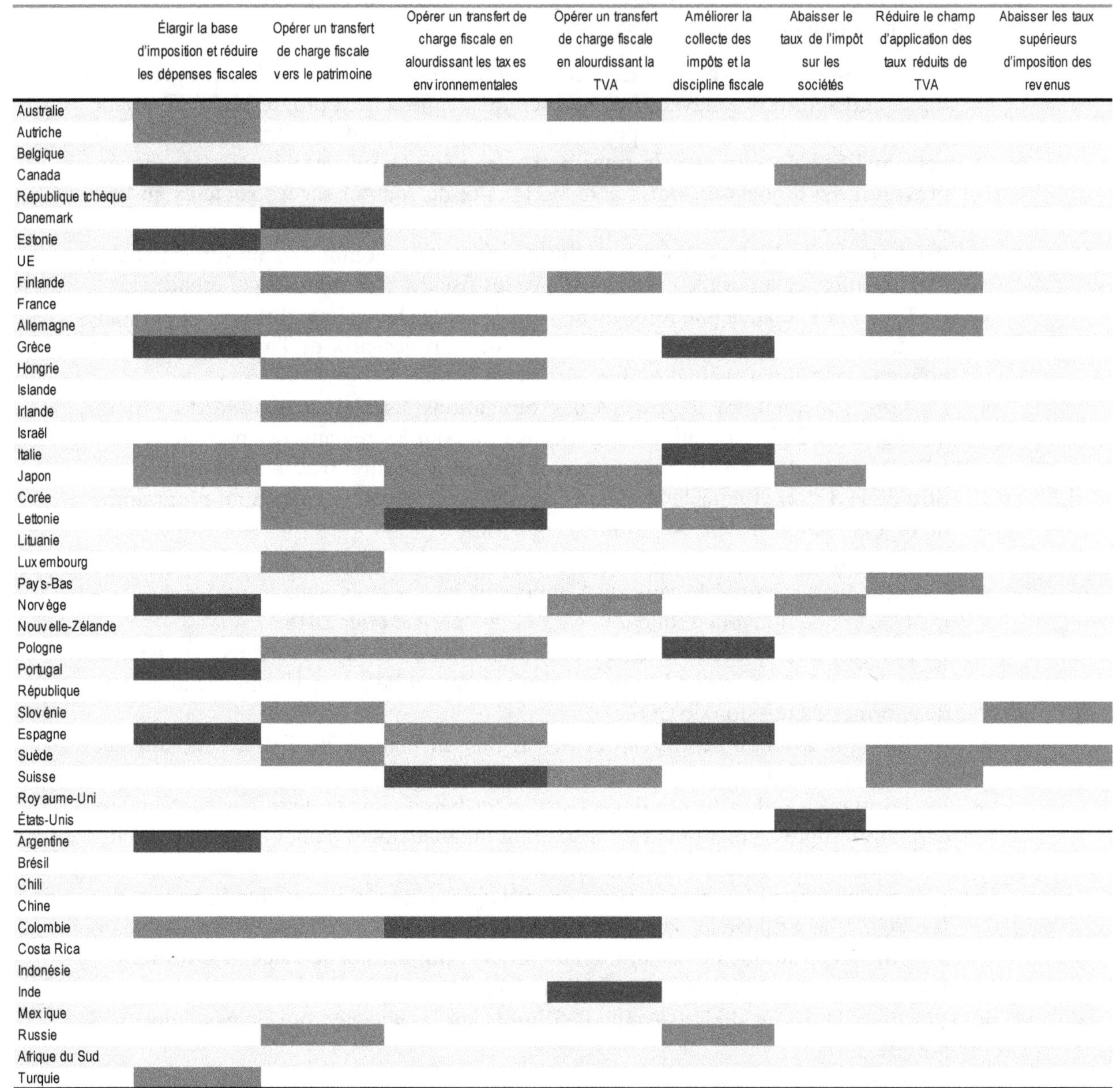

| | Élargir la base d'imposition et réduire les dépenses fiscales | Opérer un transfert de charge fiscale vers le patrimoine | Opérer un transfert de charge fiscale en alourdissant les taxes environnementales | Opérer un transfert de charge fiscale en alourdissant la TVA | Améliorer la collecte des impôts et la discipline fiscale | Abaisser le taux de l'impôt sur les sociétés | Réduire le champ d'application des taux réduits de TVA | Abaisser les taux supérieurs d'imposition des revenus |
|---|---|---|---|---|---|---|---|---|
| Australie | | | | | | | | |
| Autriche | | | | | | | | |
| Belgique | | | | | | | | |
| Canada | | | | | | | | |
| République tchèque | | | | | | | | |
| Danemark | | | | | | | | |
| Estonie | | | | | | | | |
| UE | | | | | | | | |
| Finlande | | | | | | | | |
| France | | | | | | | | |
| Allemagne | | | | | | | | |
| Grèce | | | | | | | | |
| Hongrie | | | | | | | | |
| Islande | | | | | | | | |
| Irlande | | | | | | | | |
| Israël | | | | | | | | |
| Italie | | | | | | | | |
| Japon | | | | | | | | |
| Corée | | | | | | | | |
| Lettonie | | | | | | | | |
| Lituanie | | | | | | | | |
| Luxembourg | | | | | | | | |
| Pays-Bas | | | | | | | | |
| Norvège | | | | | | | | |
| Nouvelle-Zélande | | | | | | | | |
| Pologne | | | | | | | | |
| Portugal | | | | | | | | |
| République | | | | | | | | |
| Slovénie | | | | | | | | |
| Espagne | | | | | | | | |
| Suède | | | | | | | | |
| Suisse | | | | | | | | |
| Royaume-Uni | | | | | | | | |
| États-Unis | | | | | | | | |
| Argentine | | | | | | | | |
| Brésil | | | | | | | | |
| Chili | | | | | | | | |
| Chine | | | | | | | | |
| Colombie | | | | | | | | |
| Costa Rica | | | | | | | | |
| Indonésie | | | | | | | | |
| Inde | | | | | | | | |
| Mexique | | | | | | | | |
| Russie | | | | | | | | |
| Afrique du Sud | | | | | | | | |
| Turquie | | | | | | | | |

*Note* : Les cellules bleues représentent les recommandations pour un pays donné dans un domaine donné (aucune suite donnée en 2017). Les cellules bordeaux représentent les suites données à une recommandation (réformes abouties ou en cours d'exécution).

### *1.5.3. Réformes visant à améliorer les infrastructures matérielles et juridique*

L'investissement public contribue, directement et indirectement, au stock de capital de l'ensemble de l'économie, notamment par son rôle de catalyseur de l'investissement privé. De fait, des travaux empiriques récents font apparaître un net effet positif de l'investissement public sur la productivité (Fournier, 2016). Par conséquent, renforcer les capacités et la réglementation des infrastructures est une priorité pour plusieurs économies avancées (Tableau 1.7). Il convient avant tout de remédier, dans des conditions de bonne rentabilité économique, aux déficits d'infrastructures dans les transports, ou l'énergie, ou les deux. De même, l'offre d'infrastructures est très médiocre – en quantité et en qualité – dans de nombreuses économies émergentes et le développement de l'investissement public devrait y aller de pair avec des réformes de l'environnement réglementaire pour attirer les investisseurs privés et optimiser l'utilisation des infrastructures. Dans ces pays, la résorption des goulets d'étranglement dans les infrastructures, notamment dans les transports, peut conduire à une progression de l'emploi en facilitant l'appariement des travailleurs et des emplois, et à un regain de dynamisme des entreprises, parce que des infrastructures de qualité sont décisives pour la mobilité des biens et des personnes. Ces progrès peuvent améliorer l'inclusivité et le bien-être, par exemple en offrant l'accès à des sources fiables d'énergie, d'eau salubre et d'assainissement dans les économies émergentes ou, plus généralement, à des transports publics efficients et abordables. Si, dans certains cas, l'expansion des infrastructures peut se faire au détriment de l'environnement (comme le développement des infrastructures routières), dans d'autres elle peut aboutir à une amélioration des résultats environnementaux (transports collectifs, par exemple). Voici certaines des mesures récemment adoptées dans ce domaine.

- L'Argentine a mis en place de nouveaux partenariats public-privé (PPP) dans le secteur de l'énergie et pour la construction d'un terminal d'aéroport.
- La Grèce a introduit davantage de concurrence sur le marché de la production d'électricité ; la part de marché du producteur historique devrait ainsi passer de plus de 90 % à 50 %.
- L'Inde a poursuivi l'électrification du pays, surtout en milieu rural, et prévoit d'atteindre une couverture intégrale en 2018.
- En Indonésie, les dépenses d'infrastructure ont considérablement augmenté. L'État a en outre injecté davantage de fonds dans l'agence nationale de gestion des actifs (LMAN) pour qu'elle acquière des terrains afin de faciliter la réalisation de projets stratégiques tels que routes, ports et barrages. L'électrification s'est poursuivie en milieu rural.
- La Lettonie a procédé à des améliorations des routes publiques à l'aide de fonds de l'UE.
- Le Royaume-Uni a mis en place le National Productivity Investment Fund (NPIF), un fonds destiné à financer des investissements dans un certain nombre de secteurs qui soutiennent la productivité, notamment les transports et les infrastructures numériques. En particulier, le NPIF permettra de financer la nouvelle stratégie 5G du gouvernement et des projets locaux d'installation de la fibre intégrale pour l'accès Internet à haut débit.

**Tableau 1.7. Recommandations émises et mesures prises eu égard aux infrastructures publiques**

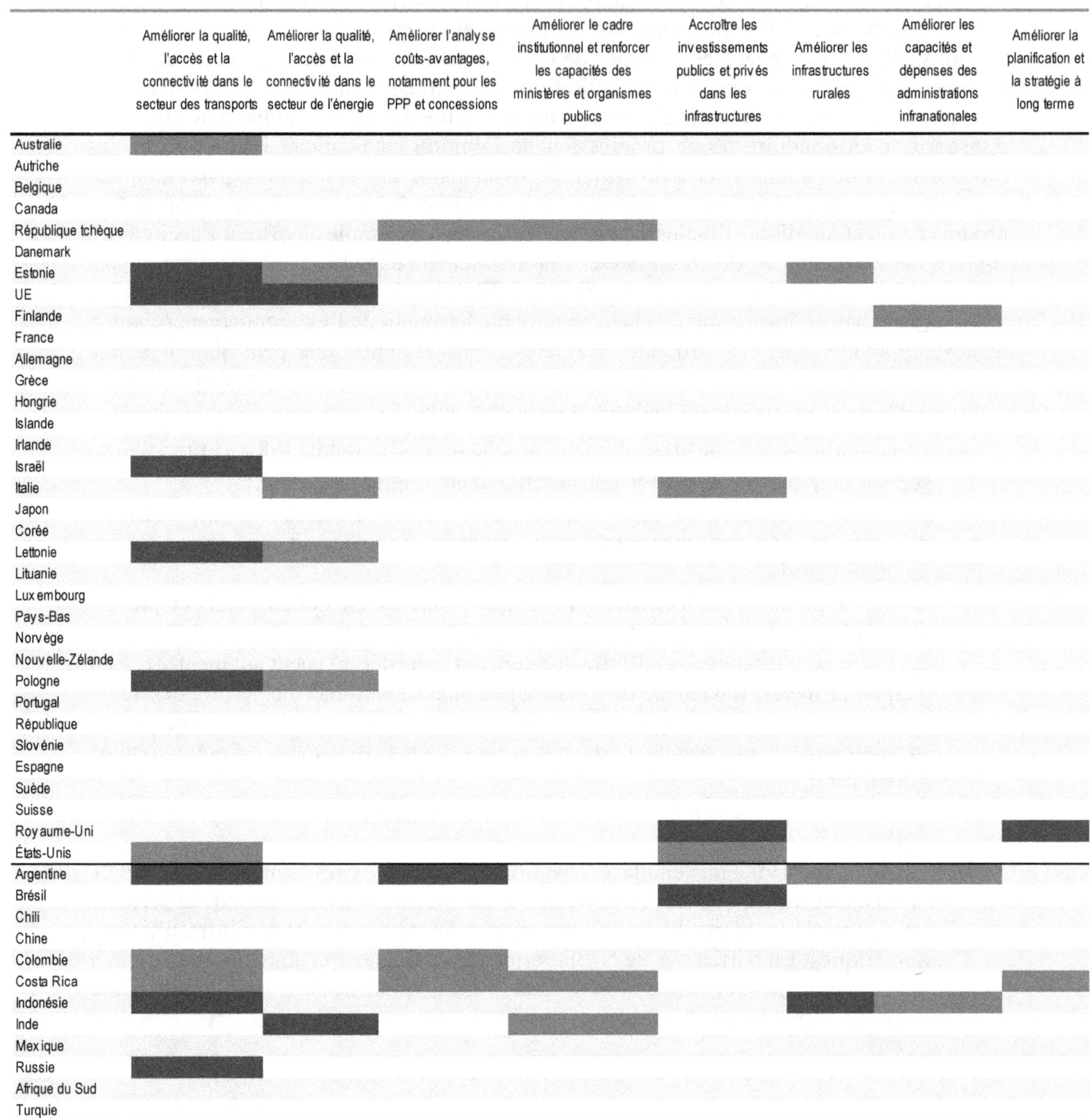

| | Améliorer la qualité, l'accès et la connectivité dans le secteur des transports | Améliorer la qualité, l'accès et la connectivité dans le secteur de l'énergie | Améliorer l'analyse coûts-avantages, notamment pour les PPP et concessions | Améliorer le cadre institutionnel et renforcer les capacités des ministères et organismes publics | Accroître les investissements publics et privés dans les infrastructures | Améliorer les infrastructures rurales | Améliorer les capacités et dépenses des administrations infranationales | Améliorer la planification et la stratégie à long terme |
|---|---|---|---|---|---|---|---|---|
| Australie | | | | | | | | |
| Autriche | | | | | | | | |
| Belgique | | | | | | | | |
| Canada | | | | | | | | |
| République tchèque | | | | | | | | |
| Danemark | | | | | | | | |
| Estonie | | | | | | | | |
| UE | | | | | | | | |
| Finlande | | | | | | | | |
| France | | | | | | | | |
| Allemagne | | | | | | | | |
| Grèce | | | | | | | | |
| Hongrie | | | | | | | | |
| Islande | | | | | | | | |
| Irlande | | | | | | | | |
| Israël | | | | | | | | |
| Italie | | | | | | | | |
| Japon | | | | | | | | |
| Corée | | | | | | | | |
| Lettonie | | | | | | | | |
| Lituanie | | | | | | | | |
| Luxembourg | | | | | | | | |
| Pays-Bas | | | | | | | | |
| Norvège | | | | | | | | |
| Nouvelle-Zélande | | | | | | | | |
| Pologne | | | | | | | | |
| Portugal | | | | | | | | |
| République | | | | | | | | |
| Slovénie | | | | | | | | |
| Espagne | | | | | | | | |
| Suède | | | | | | | | |
| Suisse | | | | | | | | |
| Royaume-Uni | | | | | | | | |
| États-Unis | | | | | | | | |
| Argentine | | | | | | | | |
| Brésil | | | | | | | | |
| Chili | | | | | | | | |
| Chine | | | | | | | | |
| Colombie | | | | | | | | |
| Costa Rica | | | | | | | | |
| Indonésie | | | | | | | | |
| Inde | | | | | | | | |
| Mexique | | | | | | | | |
| Russie | | | | | | | | |
| Afrique du Sud | | | | | | | | |
| Turquie | | | | | | | | |

*Note* : Les cellules bleues représentent les recommandations pour un pays donné dans un domaine donné (aucune suite donnée en 2017). Les cellules bordeaux représentent les suites données à une recommandation (réformes abouties ou en cours d'exécution).

**Tableau 1.8. Recommandations émises et mesures prises en faveur de l'état de droit et de l'efficience de l'administration publique**

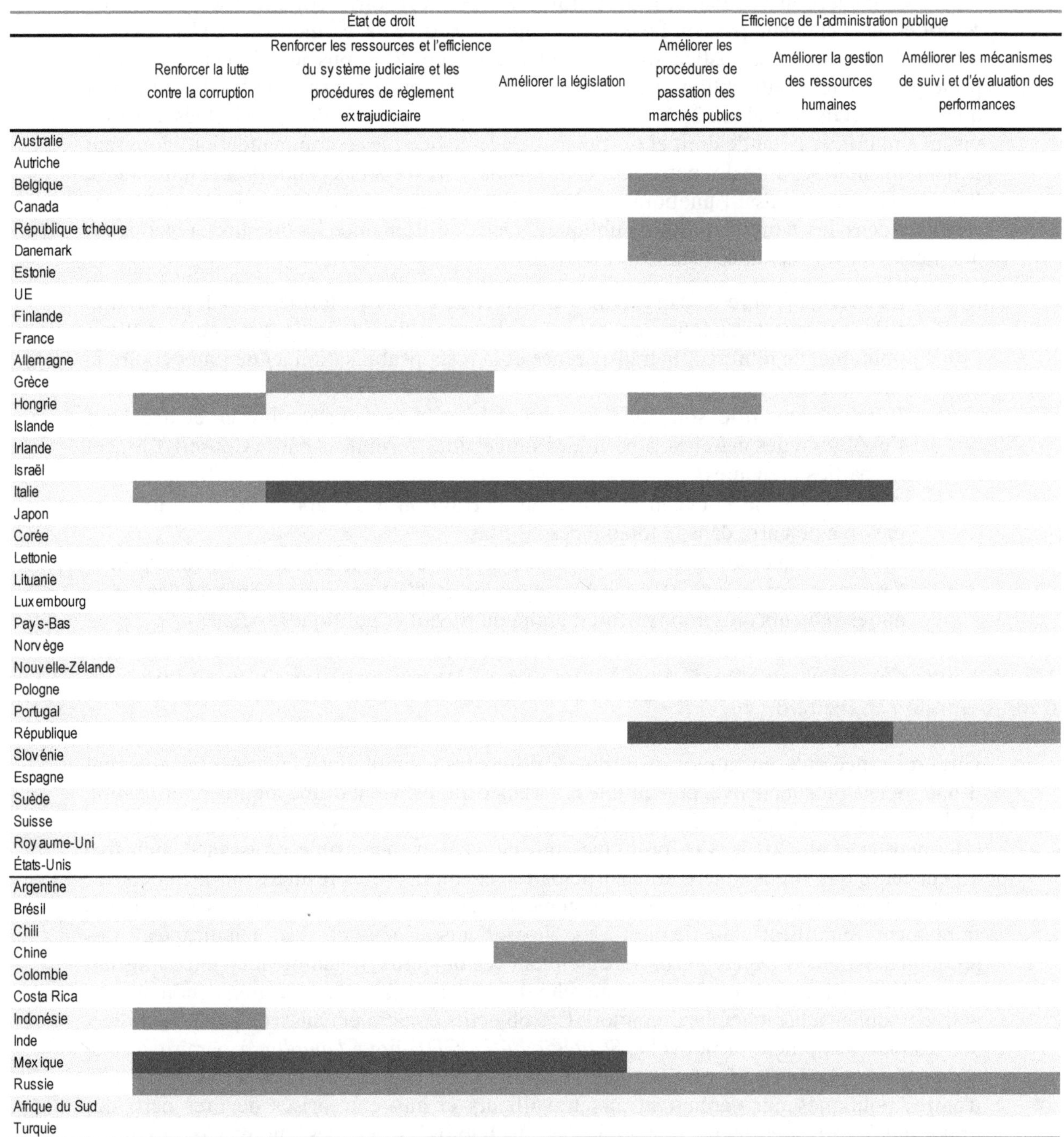

| | État de droit | | | Efficience de l'administration publique | | |
|---|---|---|---|---|---|---|
| | Renforcer la lutte contre la corruption | Renforcer les ressources et l'efficience du système judiciaire et les procédures de règlement extrajudiciaire | Améliorer la législation | Améliorer les procédures de passation des marchés publics | Améliorer la gestion des ressources humaines | Améliorer les mécanismes de suivi et d'évaluation des performances |
| Australie | | | | | | |
| Autriche | | | | | | |
| Belgique | | | | | | |
| Canada | | | | | | |
| République tchèque | | | | | | |
| Danemark | | | | | | |
| Estonie | | | | | | |
| UE | | | | | | |
| Finlande | | | | | | |
| France | | | | | | |
| Allemagne | | | | | | |
| Grèce | | | | | | |
| Hongrie | | | | | | |
| Islande | | | | | | |
| Irlande | | | | | | |
| Israël | | | | | | |
| Italie | | | | | | |
| Japon | | | | | | |
| Corée | | | | | | |
| Lettonie | | | | | | |
| Lituanie | | | | | | |
| Luxembourg | | | | | | |
| Pays-Bas | | | | | | |
| Norvège | | | | | | |
| Nouvelle-Zélande | | | | | | |
| Pologne | | | | | | |
| Portugal | | | | | | |
| République | | | | | | |
| Slovénie | | | | | | |
| Espagne | | | | | | |
| Suède | | | | | | |
| Suisse | | | | | | |
| Royaume-Uni | | | | | | |
| États-Unis | | | | | | |
| Argentine | | | | | | |
| Brésil | | | | | | |
| Chili | | | | | | |
| Chine | | | | | | |
| Colombie | | | | | | |
| Costa Rica | | | | | | |
| Indonésie | | | | | | |
| Inde | | | | | | |
| Mexique | | | | | | |
| Russie | | | | | | |
| Afrique du Sud | | | | | | |
| Turquie | | | | | | |

*Note* : Les cellules bleues représentent les recommandations pour un pays donné dans un domaine donné (aucune suite donnée en 2017). Les cellules bordeaux représentent les suites données à une recommandation (réformes abouties ou en cours d'exécution).

Outre de bonnes infrastructures matérielles et numériques, un cadre juridique solide joue lui aussi un rôle décisif pour débloquer les freins à la croissance. Il est important de renforcer le cadre institutionnel global afin que i) les décisions définissant les besoins de réformes ne penchent pas en faveur de projets inefficients et inutiles ; ii) l'accès aux services publics et à la justice soit équitablement accordé à tous les citoyens ; et iii) le principal critère d'attribution des marchés de biens et services soit un bon rapport qualité/prix (Glaeser et al., 2004). *Objectif croissance* propose des possibilités d'action visant à renforcer l'état de droit et l'efficience de la justice ; les recommandations couvrent généralement la sécurité des personnes et des biens, le respect des contrats et la lutte contre la corruption, mais aussi l'amélioration de la gestion des ressources et de l'évaluation des résultats dans les administrations publiques. Dans ce domaine, les mesures récemment adoptées sont les suivantes (Tableau 1.8).

- La Grèce a progressé dans la mise en œuvre de la vaste réforme de l'administration publique qu'elle a adoptée en 2016, dont le but est de réduire l'ingérence du pouvoir politique, de renforcer la transparence et la responsabilisation, et de lutter contre la corruption.
- L'Italie a modifié son code des marchés publics pour simplifier et accélérer l'exécution des marchés, à partir des suggestions formulées par le Conseil d'État et les parties prenantes.
- Au Mexique, le nouveau système anti-corruption a été approuvé et sa mise en œuvre a démarré dans la totalité des 32 États.
- La République slovaque a mis en place l'initiative « Meilleur rapport qualité/prix », dans trois secteurs en 2016 (santé, transports et TIC), et plus récemment dans trois autres secteurs (environnement, marché du travail et politiques sociales).

## 1.6. Préserver la cohésion sociale et aider les travailleurs à profiter au mieux du dynamisme du marché du travail

Une croissance riche en emplois contribue à réduire les inégalités et à favoriser l'avènement d'une société plus inclusive, puisqu'une croissance qui provient d'une meilleure utilisation de la main-d'œuvre tend à bénéficier nettement plus aux revenus du bas de la distribution (Hermansen et al., 2016). Les politiques qui peuvent mener à une croissance inclusive allient celles qui visent à faciliter la participation et améliorer les résultats sur le marché du travail des groupes sous-représentés, comme les femmes, les immigrés, les travailleurs faiblement qualifiés, les jeunes, les travailleurs âgés et les handicapés. Les recommandations d'*Objectif croissance* ciblent ces objectifs, notamment en encourageant un système intégré de politiques du marché du travail passives (allocations chômage) et actives (soutien à la recherche d'emploi). Ces objectifs constituent aussi en partie les piliers sur lesquels s'appuiera la nouvelle *Stratégie de l'OCDE pour l'emploi*, à paraître ; cette publication offrira des orientations aux décideurs publics quant au marché du travail et à d'autres politiques qui permettent aux travailleurs et aux entreprises de tirer parti des opportunités qu'apportent les nouvelles technologies et les nouveaux marchés (Encadré 1.1).

**Encadré 1.1. La nouvelle *Stratégie de l'OCDE pour l'emploi***

La nouvelle Stratégie de l'OCDE pour l'emploi répond aux enjeux mondiaux découlant des suites de la crise économique et financière, de la faiblesse persistante des gains de productivité, du niveau élevé des inégalités de revenus dans de nombreux pays, et de mégatendances telles que le progrès technologique, la mondialisation et le vieillissement démographique.

Une croissance économique forte et soutenue demeure une condition préalable déterminant la quantité d'emplois, mais la qualité des emplois, tant sur le plan des salaires que des conditions de travail, ainsi que le caractère inclusif du marché du travail, apparaissent aussi comme des priorités centrales pour les politiques publiques. Des réformes visant à encourager la flexibilité sur les marchés de produits et du travail sont nécessaires à la croissance, mais ne sont pas suffisantes. Les pays dont les politiques et les institutions favorisent la qualité des emplois, leur quantité et davantage d'inclusivité obtiennent de meilleurs résultats que les pays qui se concentrent principalement sur la flexibilité des marchés.

C'est une réponse à l'échelle de l'ensemble des administrations publiques qui s'impose ; elle englobe la nouvelle Stratégie de l'OCDE pour l'emploi, au sein de l'Initiative de l'OCDE pour la croissance inclusive, et *Objectif croissance*. Les principales recommandations s'articulent autour de trois grands principes :

- ***Promouvoir un environnement propice à la multiplication des emplois de qualité.*** La réalisation de cet objectif exige un solide cadre macroéconomique, un environnement propice à la croissance et des compétences qui évoluent en harmonie avec les besoins du marché. Un enseignement nouveau et capital est que, en période forte contraction de l'économie, il peut être bénéfique de financer des programmes pour l'emploi à court terme afin de préserver des emplois vulnérables mais néanmoins viables à long terme. En outre, la libéralisation du recours aux contrats temporaires, tout en maintenant un niveau élevé de protection de l'emploi pour les travailleurs sous contrats à durée indéterminée, peut conduire à un usage excessif des contrats temporaires et à une mauvaise qualité des emplois, à des niveaux élevés d'inégalités et à une faible résilience, sans pour autant dégager clairement de bénéfices pour l'emploi global.
- ***Prévenir l'exclusion du marché du travail et protéger les individus contre les risques du marché du travail.*** Protéger les travailleurs qui tombent à travers les mailles du filet demeure un objectif essentiel, mais il est important de s'attaquer aux problèmes avant qu'ils se développent : renforcer l'égalité des chances et adopter une démarche en fonction du cycle de vie permet d'éviter l'accumulation de handicaps individuels. De nouvelles données laissent penser qu'une large couverture par le système d'allocations chômage et d'aide sociale, conjuguée au strict respect des obligations mutuelles, joue un rôle central dans la réussite des stratégies d'activation, offrant ainsi un outil clé pour maintenir le lien avec les personnes sans emploi.

***Préparer les individus aux opportunités et défis qu'offriront à l'avenir l'économie et le marché du travail, en mutation rapide.*** Pour s'adapter à l'évolution rapide de l'économie, les marchés de produits et du travail devront faire preuve de dynamisme. Les travailleurs devront toutefois être munis des compétences appropriées dans un contexte où il est probable que la demande de compétences évolue rapidement, érodant potentiellement les incitations à investir dans des compétences non transférables. Ils doivent aussi rester protégés contre les risques du marché du travail dans un monde qui verra peut-être une multiplication des formes de travail flexibles. Il s'agit donc de maintenir la protection sociale et les réglementations fondamentales du marché du travail, mais éventuellement aussi d'élargir la place des régimes non contributifs, d'établir des planchers pour les prestations sociales et de rendre la protection sociale plus transférable. Il est peu probable que la solution plus radicale du revenu universel de base puisse offrir une protection efficace à tous les travailleurs sans nécessiter un relèvement considérable de la pression fiscale ou la réduction d'autres prestations, plus ciblées, pour assurer le financement de ce revenu universel.

L'efficience de l'appariement entre offres et demandes d'emplois, c'est-à-dire la facilité avec laquelle les chômeurs retrouvent un emploi correspondant à leurs compétences, s'est dégradée ces dernières années (Commission européenne, 2014), reflétant un décalage croissant en termes de compétences, de secteurs et de régions. Les réformes qui assouplissent les restrictions en vigueur sur le marché du travail et favorisent la mobilité des travailleurs, en modifiant par exemple le coût des transactions immobilières ou la réglementation du marché locatif, peuvent réduire le nombre de postes vacants et stimuler la productivité et l'inclusivité en améliorant l'adéquation entre compétences et emplois.

Enfin, la santé étant un ingrédient fondamental du bien-être global, les mesures destinées à promouvoir une meilleure santé offrent aux individus une satisfaction accrue à l'égard de leur vie et une plateforme pour accomplir leur potentiel productif. Les personnes en mauvaise santé sont moins en mesure de prendre part aux activités productives, mais celles qui travaillent dans de mauvaises conditions ont aussi plus de risques de tomber malades. De récentes données de l'OCDE montrent que le revenu, les choix de vie et l'environnement sont trois facteurs fortement associés à la progression de l'espérance de vie (James et al., 2015), et que les individus en bonne santé bénéficient souvent d'un meilleur accès aux opportunités de formation et peuvent espérer voir leurs enfants atteindre un niveau d'études plus élevé.

### *1.6.1. Réformes visant à réduire l'écart de taux d'activité et de conditions d'emploi entre hommes et femmes*

Une proportion élevée de femmes demeurent à l'extérieur du marché du travail, ou ont un lien ténu avec lui, dans un certain nombre de pays, tandis que dans d'autres, elles sont surreprésentées parmi les personnes occupant un emploi à temps partiel (subi) (OCDE, 2016c). Des recommandations sont formulées en vue de relever le taux d'activité féminine ou le nombre d'heures travaillées par des femmes lorsqu'ils sont particulièrement bas et peuvent être attribués à des politiques existantes mal conçues. Par conséquent, ces recommandations portent sur des politiques et des conditions de travail favorables à la vie de famille, qui permettent aux pères et aux mères de concilier leurs horaires de travail et leurs responsabilités familiales, facilitant ainsi l'emploi des femmes. Elles se classent en trois grands domaines de réforme – avec un poids différencié en fonction du contexte propre aux pays (Tableau 1.9) : i) le niveau et la conception des systèmes de prélèvements et de prestations ainsi que du régime d'imposition conjointe (par exemple, des déductions fiscales au titre du conjoint qui ne travaille pas) ; ii) le niveau élevé des coûts, le mauvais ciblage et donc l'accès limité aux services de garde des enfants ; et iii) les politiques mal conçues en matière de congé parental, qui aboutissent, de facto, à un faible recours au congé parental parce que, par exemple, les horaires de travail ne sont pas suffisamment souples ou le travail à temps partiel n'est pas assez développé. Remédier à ces problèmes permettrait d'atteindre un meilleur équilibre entre le travail et la famille, et de réduire les inégalités hommes-femmes, ce qui se traduirait par des progrès en termes d'équité et de bien-être. Voici certaines des mesures récemment adoptées dans ce domaine.

- En Autriche, la nouvelle loi sur l'investissement dans l'éducation prévoit de consacrer 750 millions EUR au développement de la scolarisation à temps plein d'ici 2025.
- En Allemagne, le financement public des services de garde d'enfants a augmenté d'environ 1.1 milliard EUR sur la période 2017-2020.
- Le Japon met en œuvre un vaste nouveau plan qui va progressivement, d'ici 2020, élargir la capacité des centres d'accueil des jeunes enfants de 320 000 enfants. En outre, la réglementation du télétravail a été révisée pour offrir davantage de souplesse en matière de travail à distance et d'aménagement des horaires.
- La Corée a relevé le montant de l'allocation de congé parental pendant les trois premiers mois du congé.
- Le Luxembourg offre désormais aux couples dont les deux membres travaillent la possibilité de choisir l'imposition individuelle et ce, qu'ils soient mariés ou en partenariat, résidents ou frontaliers, afin de réduire le taux d'imposition marginale qui s'applique au second apporteur de revenus.

### *1.6.2. Réformes favorisant l'intégration des immigrés et des minorités*

La population née à l'étranger a fortement augmenté dans les pays avancés et représente désormais près de 10 % de la population totale. Les immigrés de deuxième génération sont également nombreux et d'origines diverses, et plusieurs économies avancées abritent d'importantes minorités, notamment des Roms ou des populations aborigènes. Parallèlement, les flux de réfugiés se sont nettement intensifiés depuis peu, en particulier en direction des pays européens. Cette diversité démographique croissante peut être largement bénéfique sur le plan économique et social pour les pays de l'OCDE, notamment en allégeant les pressions d'origine démographique sur le taux d'activité. Toutefois, ces bénéfices seront fonction, pour une bonne part, de la conception des politiques d'intégration et de leur déploiement. Les recommandations d'*Objectif croissance* en la matière balaient tout un éventail de mesures, à court terme pour faciliter une insertion rapide sur le marché du travail, et à plus long terme, avec des actions en amont dans le domaine éducatif et social susceptibles de faciliter plus tard l'insertion dans la vie professionnelle et plus globalement, de réduire l'inégalité des chances (Tableau 1.9). Voici certaines des mesures récemment adoptées dans ce domaine.

- L'Australie a lancé un nouveau programme (Youth Jobs PaTH) pour améliorer les compétences et les opportunités des communautés autochtones.
- La Belgique a inclus dans son Plan Formation 2020 une évaluation sociale, professionnelle et linguistique des immigrés, ainsi que des offres spécifiques de formation ou de validation pour les migrants récemment arrivés.
- L'Allemagne a adopté une initiative visant à permettre à 10 000 jeunes réfugiés d'entamer une formation à un métier de l'artisanat. De plus, les réfugiés peuvent maintenant accéder rapidement à un emploi rémunéré à temps partiel dans le

contexte des politiques actives du marché du travail. Désormais, des services spécifiques d'orientation sont aussi offerts aux jeunes immigrés.

**Tableau 1.9. Recommandations émises et mesures prises pour renforcer la participation des femmes au marché du travail et l'intégration des migrants et des minorités**

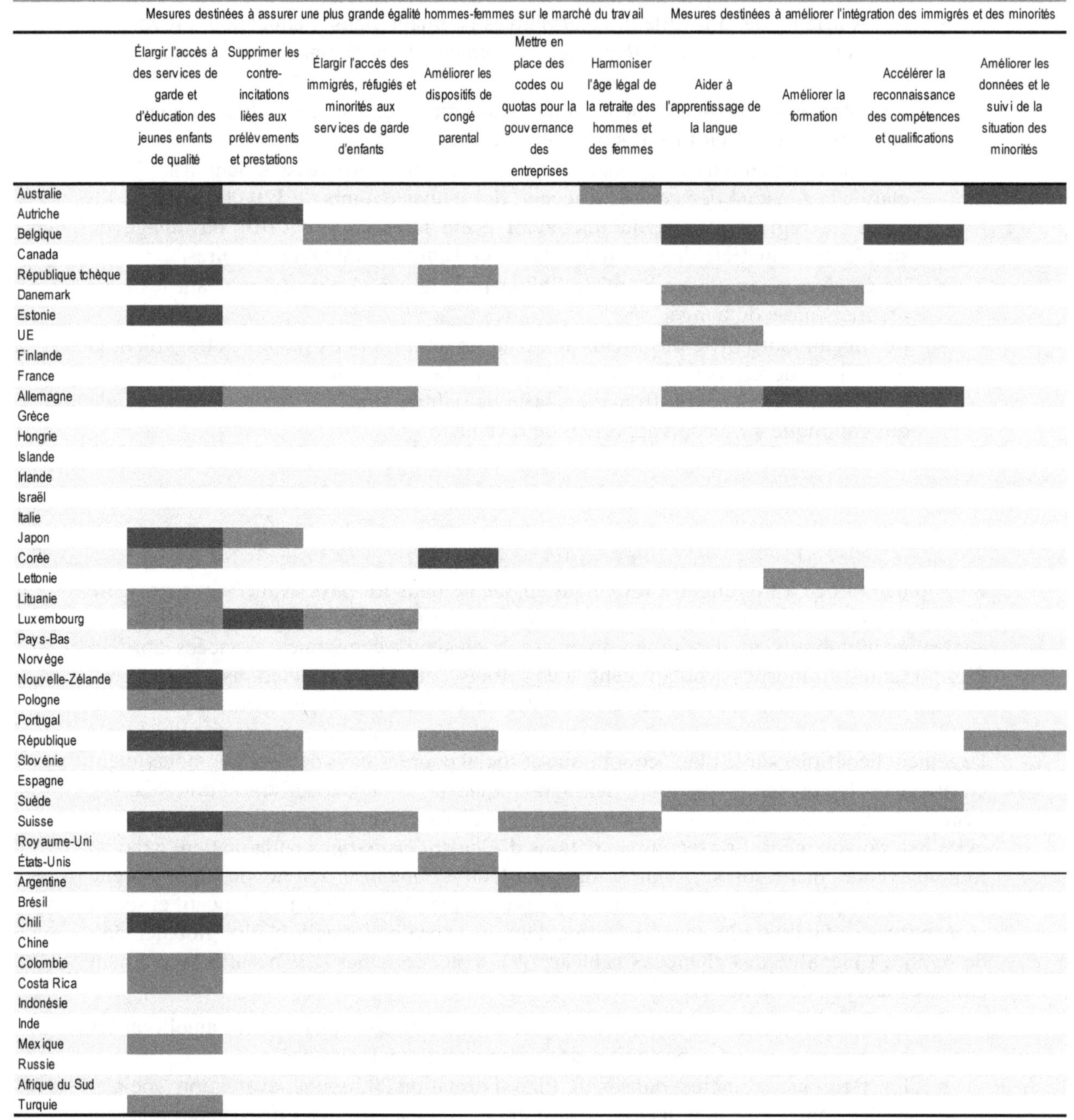

| | Mesures destinées à assurer une plus grande égalité hommes-femmes sur le marché du travail | | | | | | Mesures destinées à améliorer l'intégration des immigrés et des minorités | | | |
|---|---|---|---|---|---|---|---|---|---|---|
| | Élargir l'accès à des services de garde et d'éducation des jeunes enfants de qualité | Supprimer les contre-incitations liées aux prélèvements et prestations | Élargir l'accès des immigrés, réfugiés et minorités aux services de garde d'enfants | Améliorer les dispositifs de congé parental | Mettre en place des codes ou quotas pour la gouvernance des entreprises | Harmoniser l'âge légal de la retraite des hommes et des femmes | Aider à l'apprentissage de la langue | Améliorer la formation | Accélérer la reconnaissance des compétences et qualifications | Améliorer les données et le suivi de la situation des minorités |
| Australie | | | | | | | | | | |
| Autriche | | | | | | | | | | |
| Belgique | | | | | | | | | | |
| Canada | | | | | | | | | | |
| République tchèque | | | | | | | | | | |
| Danemark | | | | | | | | | | |
| Estonie | | | | | | | | | | |
| UE | | | | | | | | | | |
| Finlande | | | | | | | | | | |
| France | | | | | | | | | | |
| Allemagne | | | | | | | | | | |
| Grèce | | | | | | | | | | |
| Hongrie | | | | | | | | | | |
| Islande | | | | | | | | | | |
| Irlande | | | | | | | | | | |
| Israël | | | | | | | | | | |
| Italie | | | | | | | | | | |
| Japon | | | | | | | | | | |
| Corée | | | | | | | | | | |
| Lettonie | | | | | | | | | | |
| Lituanie | | | | | | | | | | |
| Luxembourg | | | | | | | | | | |
| Pays-Bas | | | | | | | | | | |
| Norvège | | | | | | | | | | |
| Nouvelle-Zélande | | | | | | | | | | |
| Pologne | | | | | | | | | | |
| Portugal | | | | | | | | | | |
| République | | | | | | | | | | |
| Slovénie | | | | | | | | | | |
| Espagne | | | | | | | | | | |
| Suède | | | | | | | | | | |
| Suisse | | | | | | | | | | |
| Royaume-Uni | | | | | | | | | | |
| États-Unis | | | | | | | | | | |
| Argentine | | | | | | | | | | |
| Brésil | | | | | | | | | | |
| Chili | | | | | | | | | | |
| Chine | | | | | | | | | | |
| Colombie | | | | | | | | | | |
| Costa Rica | | | | | | | | | | |
| Indonésie | | | | | | | | | | |
| Inde | | | | | | | | | | |
| Mexique | | | | | | | | | | |
| Russie | | | | | | | | | | |
| Afrique du Sud | | | | | | | | | | |
| Turquie | | | | | | | | | | |

*Note* : Les cellules bleues représentent les recommandations pour un pays donné dans un domaine donné (aucune suite donnée en 2017). Les cellules bordeaux représentent les suites données à une recommandation (réformes abouties ou en cours d'exécution).

### *1.6.3. Réformes visant à réduire les obstacles à la création d'emplois, à l'activité et à l'emploi dans des postes du secteur formel*

Les obstacles à la création d'emplois et à la participation au marché du travail sont présents dans plusieurs domaines d'action potentiels. Tout d'abord, lorsqu'il est important, le coin fiscal sur le travail peut réduire la demande de main-d'œuvre de la part des entreprises parce qu'il en accroît le coût (du fait du niveau élevé des contributions patronales ou des impôts sur les salaires). Ainsi, un coin fiscal élevé sur le travail est associé à moins d'emplois, moins d'heures travaillées et plus de chômage. Ces effets néfastes sont ressentis plus durement par les travailleurs qui sont déjà les premiers à être confrontés aux obstacles tenant à la demande de travail, généralement les jeunes, les handicapés, les travailleurs peu qualifiés et les personnes âgées. Qui plus est, lorsqu'ils sont trop lourds et mal conçus, les coins fiscaux et les dispositions en matière de sécurité sociale poussent fortement le travail vers le secteur informel dans les économies émergentes, reflétant des obstacles tant du côté de la demande que de l'offre de main-d'œuvre. L'allègement de la fiscalité du travail, passant notamment par une réduction des cotisations de sécurité sociale, demeure donc une priorité pour de nombreuses économies avancées et émergentes (Tableau 1.10 et Tableau 1.11). Voici certaines des mesures récemment adoptées dans ce domaine.

- Outre la réforme fiscale entrée en vigueur en 2016, l'Autriche réduit progressivement les impôts sur les salaires jusqu'en 2018.
- L'Estonie a adopté des mesures de formation continue ciblées sur les personnes risquant de perdre leur emploi.
- En Finlande, les mesures fiscales associées au Pacte de compétitivité ont réduit le coin fiscal.
- En Hongrie, les cotisations patronales de sécurité sociale sont revenues de 27 % à 22 %, et diminueront encore de 2 points de pourcentage en 2018.
- La Turquie a ramené le taux des cotisations patronales de sécurité sociale de 14 % à 9 % du salaire brut. De plus, pour les entreprises qui ont accru leur nombre net d'emplois en 2016, les nouvelles embauches seront exonérées de cotisations sociales pendant un an.

Deuxièmement, l'articulation entre allocations chômage, protection sociale et politiques actives du marché du travail devrait être conçue de manière à offrir un soutien suffisant au revenu en période de chômage tout en encourageant le retour à l'emploi, avec une adéquation efficace entre travailleurs et emplois. Le défi consiste à concevoir des systèmes de protection sociale qui limitent, sur le plan financier, les arbitrages entre viabilité, adéquation et efficience (Fall et al., 2015). Dans le même temps, de nombreux pays doivent encore résoudre le problème du chômage à long terme et ramener sur le marché du travail les personnes découragées par de longues périodes de chômage. Des politiques ciblées sont requises pour ce faire, telles qu'une approche plus intensive et personnalisée de la gestion des dossiers (entretiens réguliers face à face et élaboration de plans d'action individuels, par exemple), et des mesures permettant de trouver un emploi qui contribue à l'acquisition de compétences et d'une expérience professionnelle. L'importance des PAMT est désormais largement reconnue, comme en témoigne le rythme soutenu des réformes menées dans ce domaine depuis la période d'après-crise. Pourtant, en dépit de ces progrès encourageants, des réformes restent à mener, avec des priorités différenciées en fonction des performances des pays et de leurs propres difficultés (Tableau 1.10). On trouvera ci-dessous un échantillon des mesures récemment adoptées dans ce domaine.

**Tableau 1.10. Recommandations émises et mesures prises pour éliminer les obstacles à l'activité et à l'emploi**

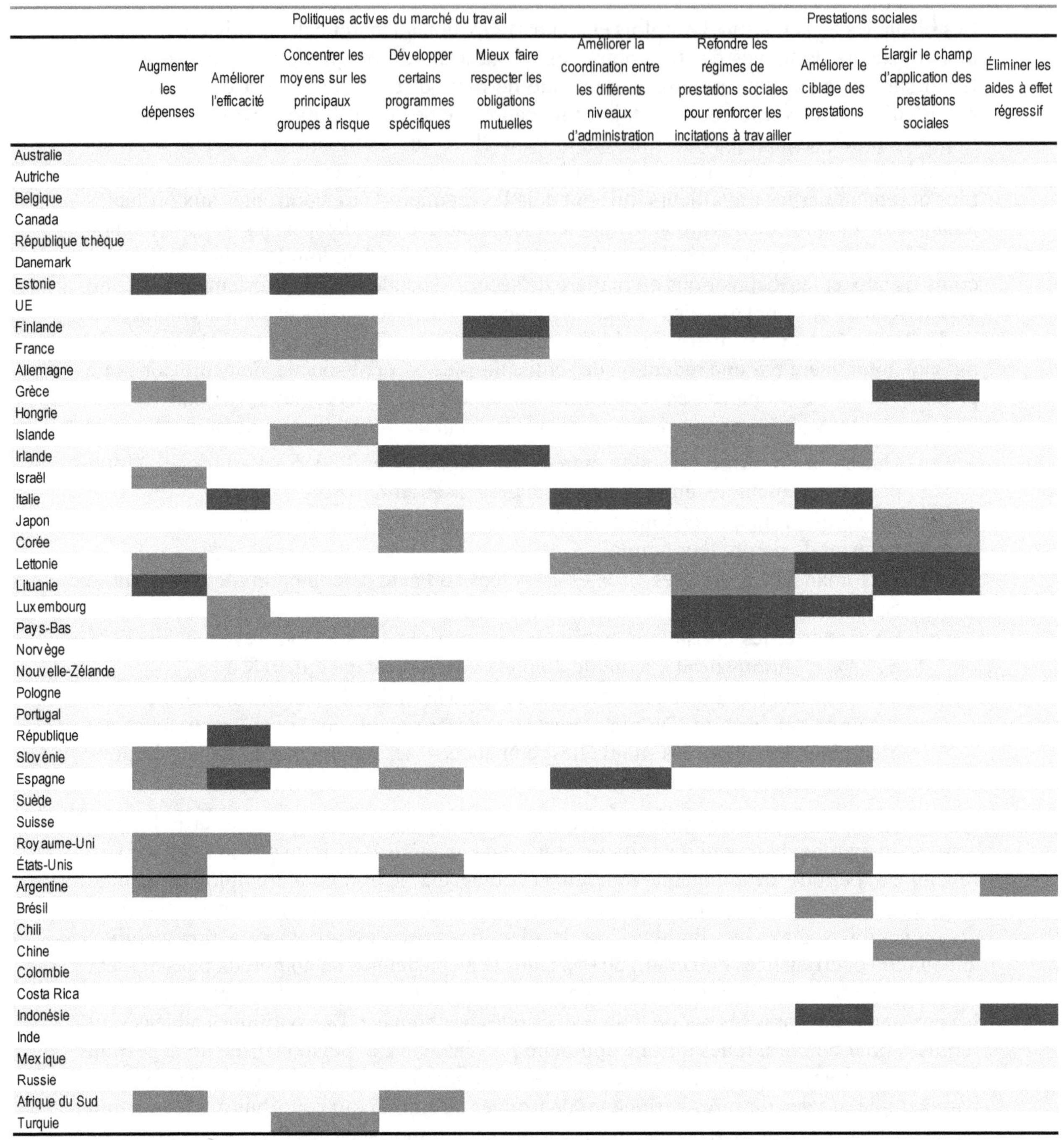

| | Politiques actives du marché du travail | | | | | | Prestations sociales | | | |
|---|---|---|---|---|---|---|---|---|---|---|
| | Augmenter les dépenses | Améliorer l'efficacité | Concentrer les moyens sur les principaux groupes à risque | Développer certains programmes spécifiques | Mieux faire respecter les obligations mutuelles | Améliorer la coordination entre les différents niveaux d'administration | Refondre les régimes de prestations sociales pour renforcer les incitations à travailler | Améliorer le ciblage des prestations | Élargir le champ d'application des prestations sociales | Éliminer les aides à effet régressif |
| Australie | | | | | | | | | | |
| Autriche | | | | | | | | | | |
| Belgique | | | | | | | | | | |
| Canada | | | | | | | | | | |
| République tchèque | | | | | | | | | | |
| Danemark | | | | | | | | | | |
| Estonie | | | | | | | | | | |
| UE | | | | | | | | | | |
| Finlande | | | | | | | | | | |
| France | | | | | | | | | | |
| Allemagne | | | | | | | | | | |
| Grèce | | | | | | | | | | |
| Hongrie | | | | | | | | | | |
| Islande | | | | | | | | | | |
| Irlande | | | | | | | | | | |
| Israël | | | | | | | | | | |
| Italie | | | | | | | | | | |
| Japon | | | | | | | | | | |
| Corée | | | | | | | | | | |
| Lettonie | | | | | | | | | | |
| Lituanie | | | | | | | | | | |
| Luxembourg | | | | | | | | | | |
| Pays-Bas | | | | | | | | | | |
| Norvège | | | | | | | | | | |
| Nouvelle-Zélande | | | | | | | | | | |
| Pologne | | | | | | | | | | |
| Portugal | | | | | | | | | | |
| République | | | | | | | | | | |
| Slovénie | | | | | | | | | | |
| Espagne | | | | | | | | | | |
| Suède | | | | | | | | | | |
| Suisse | | | | | | | | | | |
| Royaume-Uni | | | | | | | | | | |
| États-Unis | | | | | | | | | | |
| Argentine | | | | | | | | | | |
| Brésil | | | | | | | | | | |
| Chili | | | | | | | | | | |
| Chine | | | | | | | | | | |
| Colombie | | | | | | | | | | |
| Costa Rica | | | | | | | | | | |
| Indonésie | | | | | | | | | | |
| Inde | | | | | | | | | | |
| Mexique | | | | | | | | | | |
| Russie | | | | | | | | | | |
| Afrique du Sud | | | | | | | | | | |
| Turquie | | | | | | | | | | |

*Note* : Les cellules bleues représentent les recommandations pour un pays donné dans un domaine donné (aucune suite donnée en 2017). Les cellules bordeaux représentent les suites données à une recommandation (réformes abouties ou en cours d'exécution).

**Tableau 1.11. Recommandations émises et mesures prises pour éliminer les obstacles à l'activité et à l'emploi**

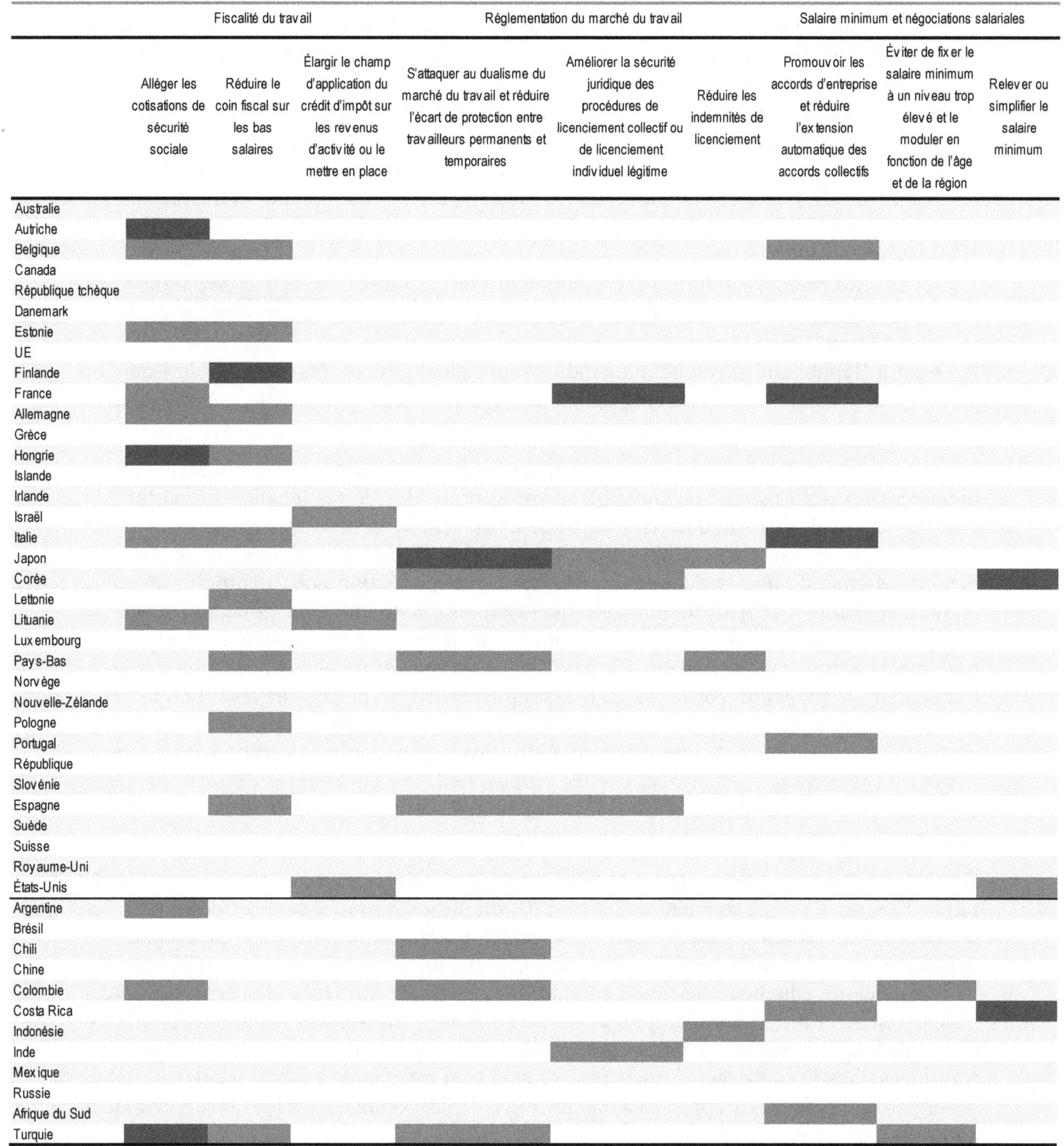

| | Fiscalité du travail | | | Réglementation du marché du travail | | | Salaire minimum et négociations salariales | | |
|---|---|---|---|---|---|---|---|---|---|
| | Alléger les cotisations de sécurité sociale | Réduire le coin fiscal sur les bas salaires | Élargir le champ d'application du crédit d'impôt sur les revenus d'activité ou le mettre en place | S'attaquer au dualisme du marché du travail et réduire l'écart de protection entre travailleurs permanents et temporaires | Améliorer la sécurité juridique des procédures de licenciement collectif ou de licenciement individuel légitime | Réduire les indemnités de licenciement | Promouvoir les accords d'entreprise et réduire l'extension automatique des accords collectifs | Éviter de fixer le salaire minimum à un niveau trop élevé et le moduler en fonction de l'âge et de la région | Relever ou simplifier le salaire minimum |
| Australie | | | | | | | | | |
| Autriche | | | | | | | | | |
| Belgique | | | | | | | | | |
| Canada | | | | | | | | | |
| République tchèque | | | | | | | | | |
| Danemark | | | | | | | | | |
| Estonie | | | | | | | | | |
| UE | | | | | | | | | |
| Finlande | | | | | | | | | |
| France | | | | | | | | | |
| Allemagne | | | | | | | | | |
| Grèce | | | | | | | | | |
| Hongrie | | | | | | | | | |
| Islande | | | | | | | | | |
| Irlande | | | | | | | | | |
| Israël | | | | | | | | | |
| Italie | | | | | | | | | |
| Japon | | | | | | | | | |
| Corée | | | | | | | | | |
| Lettonie | | | | | | | | | |
| Lituanie | | | | | | | | | |
| Luxembourg | | | | | | | | | |
| Pays-Bas | | | | | | | | | |
| Norvège | | | | | | | | | |
| Nouvelle-Zélande | | | | | | | | | |
| Pologne | | | | | | | | | |
| Portugal | | | | | | | | | |
| République Slovénie | | | | | | | | | |
| Espagne | | | | | | | | | |
| Suède | | | | | | | | | |
| Suisse | | | | | | | | | |
| Royaume-Uni | | | | | | | | | |
| États-Unis | | | | | | | | | |
| Argentine | | | | | | | | | |
| Brésil | | | | | | | | | |
| Chili | | | | | | | | | |
| Chine | | | | | | | | | |
| Colombie | | | | | | | | | |
| Costa Rica | | | | | | | | | |
| Indonésie | | | | | | | | | |
| Inde | | | | | | | | | |
| Mexique | | | | | | | | | |
| Russie | | | | | | | | | |
| Afrique du Sud | | | | | | | | | |
| Turquie | | | | | | | | | |

*Note* : Les cellules bleues représentent les recommandations pour un pays donné dans un domaine donné (aucune suite donnée en 2017). Les cellules bordeaux représentent les suites données à une recommandation (réformes abouties ou en cours d'exécution).

- En Finlande, les obligations déclaratives en matière de recherche d'emploi sont devenues plus strictes et la durée de l'assurance chômage a été réduite.

- La Grèce a déployé, dans l'ensemble du pays, son revenu de solidarité sociale, doté des infrastructures d'appui qui permettent de recenser les ménages admissibles et de transférer les fonds.
- L'Italie a mis en œuvre un programme national de lutte contre la pauvreté, avec la création d'un « revenu inclusif » destiné à remédier à la grande pauvreté, surtout parmi les familles avec enfants.
- En Lituanie, la nouvelle loi sur l'emploi modifie la structure du service public de l'emploi en centralisant la gestion de la planification des activités ainsi que des ressources humaines et financières. Cette loi renforce en outre les politiques d'activation : elle passe en revue les mesures actives du marché du travail, élargit la portée du soutien à l'emploi et renforce les possibilités de formation pour les chômeurs.
- Le Luxembourg a durci les conditions d'admissibilité au bénéfice des allocations chômage et introduit l'obligation de rechercher activement un emploi et de se recycler.
- La République slovaque a amendé sa précédente loi sur les services de l'emploi afin d'améliorer l'accès des demandeurs d'emploi à la formation et d'élargir la gamme des mesures disponibles.

Troisièmement, lorsqu'ils sont trop rigides, les systèmes de négociation collective et les réglementations du marché du travail freinent le processus de réallocation et, partant, la croissance globale de la productivité, parce qu'ils élèvent les coûts d'ajustement de la main-d'œuvre pour les entreprises (Haltiwanger et al., 2006). Il se dessine clairement, depuis une dizaine d'années, une tendance à assouplir la protection de l'emploi, et plus particulièrement la réglementation des licenciements individuels et collectifs. Dans le sillage de la crise, plus d'un tiers des économies avancées ont commencé à assouplir ces réglementations, avant tout dans les pays où ces dispositions étaient les plus strictes. Cependant, la majeure partie de cet assouplissement a porté sur les contrats non permanents, ce qui a conduit à leur multiplication et à une dualité croissante sur le marché du travail. Or, une forte dualité du marché du travail peut avoir des effets négatifs pour l'équité comme pour l'efficience, car les jeunes sont souvent obligés de recourir à ces contrats entre deux périodes de chômage et voient de ce fait leurs compétences se déprécier, entraînant une baisse de la productivité globale.

Des réformes dans ce domaine continuent donc de s'imposer dans un certain nombre de pays (Tableau 1.11). Il convient avant tout de simplifier les procédures et de réduire les coûts et les incertitudes associés aux licenciements, tout en renforçant la protection des personnes (par opposition à celle des emplois). Il faut pour cela disposer d'un soutien suffisant au revenu pour les chômeurs ainsi que d'une structure d'accompagnement efficace dans la recherche d'emploi et de services de reclassement (voir plus haut). En conséquence, les recommandations en matière de protection de l'emploi sont souvent formulées dans le cadre de réformes plus globales du marché du travail, pondérées selon les enjeux et les faiblesses propres à chaque pays. Voici certaines des mesures récemment adoptées dans ce domaine.

- Le Japon a publié des directives visant l'objectif « à travail égal, salaire égal », afin d'améliorer le traitement des travailleurs sous contrats non permanents et de les aider à bénéficier d'un soutien juridique en cas de discrimination. Le gouvernement va soumettre à la Diète les projets de loi correspondants.
- Dans le cadre de sa grande réforme du marché du travail, la France a rationalisé la représentation syndicale, et les accords sectoriels devront inclure des conditions

spécifiques aux petites et moyennes entreprises. Le ministre du travail et les entreprises ont désormais plus de latitude pour aligner les extensions administratives sur une évaluation de leurs effets économiques et sociaux. Pour ce qui est de la législation sur la protection de l'emploi, les indemnités versées par l'employeur en cas de licenciement abusif sont dorénavant plafonnées, ce qui atténue l'incertitude juridique.

Enfin, l'emploi faiblement rémunéré relève de l'action publique lorsqu'il est associé au problème de la pauvreté dans l'emploi ou reflète des situations dans lesquelles les travailleurs ne parviennent pas à obtenir des salaires correspondant à leur productivité ou à trouver un emploi exploitant pleinement leurs compétences. La fixation du niveau du salaire minimum, en particulier, doit être soigneusement équilibrée. Lorsque le salaire minimum net est fixé trop bas, il n'assure pas toujours un niveau de vie suffisant et n'offre généralement pas d'incitations à travailler pour les personnes qui sont aux marges du marché du travail ; lorsqu'il est trop élevé, il peut dissuader les entreprises d'embaucher ou d'offrir des emplois formels aux travailleurs peu qualifiés. Les politiques et institutions publiques peuvent être mises à profit pour fixer le salaire minimum à un niveau approprié de façon à minimiser les effets négatifs pour l'emploi. Des réformes dans ce domaine sont recommandées pour les pays dans lesquels une politique mal conçue en matière de salaire minimum semble nuire à l'emploi faiblement qualifié ou à l'emploi dans le secteur formel (Tableau 1.11). Parmi les mesures récemment adoptées dans ce domaine, citons la suivante.

- La Corée a relevé le salaire minimum de 7.3 % pour le porter à 56 % du salaire médian, un ratio proche de la moyenne de l'OCDE.

### *1.6.4. Réformes visant à atténuer les obstacles à la mobilité*

Les dispositions institutionnelles réglementant l'immobilier et l'urbanisme (résidentiels et commerciaux) peuvent décourager la mobilité de la main-d'œuvre et du capital, souvent en biaisant la réactivité des prix aux conditions de l'offre et de la demande de logements locatifs et neufs. Les recommandations spécifiques aux pays dans ce domaine sont formulées dans l'optique de stimuler tant l'utilisation de la main-d'œuvre que la productivité du travail (Tableau 1.12). Ce domaine de l'action publique peut donner lieu à des arbitrages avec des questions d'équité. Un exemple en est le logement social, qui est un outil important pour améliorer l'accès à des logements abordables pour les ménages vulnérables, mais peut devenir un obstacle à la mobilité de la main-d'œuvre. Voici certaines des mesures récemment adoptées dans ce domaine.

- Le Danemark a modernisé ses règlements d'urbanisme, notamment pour autoriser la construction de plus grandes surfaces de vente au détail et améliorer l'offre touristique en milieu rural.
- Le Royaume-Uni a créé le Housing Infrastructure Fund pour libérer des terrains appartenant aux municipalités, afin de pouvoir livrer 100 000 nouveaux logements dans des zones de forte demande, pour un investissement total de 5 milliards GBP. En outre, 2 milliards GBP seront consacrés au financement de logements abordables, y compris des logements sociaux.

### *1.6.5. Réformes visant à remédier aux problèmes du système public de santé*

Pour améliorer les déterminants de la santé publique et des inégalités sanitaires, l'action publique doit se déployer sur de multiples secteurs afin de produire de meilleurs résultats sur le plan social, de l'éducation et de l'emploi, et d'aboutir ainsi à une croissance et un bien-être plus inclusifs. Parmi ces actions, les réformes visant à promouvoir l'efficience du secteur de la santé et de modes de vie plus sains font régulièrement partie des recommandations d'*Objectif croissance* ; dans certains pays, la marge d'amélioration demeure large (Tableau 1.12). Voici certaines des mesures récemment adoptées dans ce domaine.

- La Chine a raccordé 361 régions (96 % du total) et 8 624 établissements médicaux transrégionaux au système national de règlement des dépenses médicales. Cette mesure va permettre aux travailleurs migrants de recourir davantage aux services de santé et réduire les délais entre le débours et le remboursement des frais médicaux.
- La Lituanie a augmenté les droits d'accise sur l'alcool et le tabac pour encourager l'adoption de modes de vie plus sains. Le nombre d'agences municipales de santé publique, chargées de la promotion en matière de santé et la prévention des maladies, a en outre été augmenté.
- La Suisse a adopté un décret qui abaisse le prix des médicaments génériques en les comparant aux prix internationaux et en fixant le prix en fonction du chiffre d'affaires réalisé par le producteur initial.

**Tableau 1.12. Recommandations émises et mesures prises pour encourager la mobilité des travailleurs et l'efficience du secteur de la santé**

| | Politiques du logement | | | | | Efficience du secteur de la santé | | |
|---|---|---|---|---|---|---|---|---|
| | Assouplir la réglementation de l'urbanisme et de la construction | Réduire ou supprimer les avantages fiscaux | Assouplir la réglementation des loyers | Mieux cibler le logement social et les aides au logement | Accroître l'offre de logements sociaux | Favoriser et améliorer le recours aux médicaments | Renforcer ou contrôler l'équité en matière d'accès aux | Encourager l'adoption de modes de vie plus sains |
| Australie | | | | | | | | |
| Autriche | | | | | | | | |
| Belgique | | | | | | | | |
| Canada | | | | | | | | |
| République tchèque | | | | | | | | |
| Danemark | | | | | | | | |
| Estonie | | | | | | | | |
| UE | | | | | | | | |
| Finlande | | | | | | | | |
| France | | | | | | | | |
| Allemagne | | | | | | | | |
| Grèce | | | | | | | | |
| Hongrie | | | | | | | | |
| Islande | | | | | | | | |
| Irlande | | | | | | | | |
| Israël | | | | | | | | |
| Italie | | | | | | | | |
| Japon | | | | | | | | |
| Corée | | | | | | | | |
| Lettonie | | | | | | | | |
| Lituanie | | | | | | | | |
| Luxembourg | | | | | | | | |
| Pays-Bas | | | | | | | | |
| Norvège | | | | | | | | |
| Nouvelle-Zélande | | | | | | | | |
| Pologne | | | | | | | | |
| Portugal | | | | | | | | |
| République | | | | | | | | |
| Slovénie | | | | | | | | |
| Espagne | | | | | | | | |
| Suède | | | | | | | | |
| Suisse | | | | | | | | |
| Royaume-Uni | | | | | | | | |
| États-Unis | | | | | | | | |
| Argentine | | | | | | | | |
| Brésil | | | | | | | | |
| Chili | | | | | | | | |
| Chine | | | | | | | | |
| Colombie | | | | | | | | |
| Costa Rica | | | | | | | | |
| Indonésie | | | | | | | | |
| Inde | | | | | | | | |
| Mexique | | | | | | | | |
| Russie | | | | | | | | |
| Afrique du Sud | | | | | | | | |
| Turquie | | | | | | | | |

*Note* : Les cellules bleues représentent les recommandations pour un pays donné dans un domaine donné (aucune suite donnée en 2017). Les cellules bordeaux représentent les suites données à une recommandation (réformes abouties ou en cours d'exécution).

## Notes

[1] Aux fins de la présente publication, le groupe des économies avancées comprend tous les pays membres de l'OCDE, hormis le Chili, le Mexique et la Turquie, et inclut la Lituanie. Le Chili, le Mexique et la Turquie sont ici considérés comme faisant partie des économies émergentes aux côtés de l'Afrique du Sud, de l'Argentine, du Brésil, de la Chine, de la Colombie, du Costa Rica, de l'Inde, de l'Indonésie et de la Russie.

[2] Aucune information passée n'est disponible sur l'importance des réformes adoptées.

## Références


Andrews, D. et F. Cingano (2012), « Public policy and resource allocation: Evidence from firms in OECD countries », *Documents de travail du Département des affaires économiques de l'OCDE,* n° 996, Éditions OCDE, Paris.

Andrews, D., C. Criscuolo et P. Gal (2015), « Frontier firms, technology diffusion and public policy: Micro Evidence from OECD Countries », *OECD Productivity Working Papers,* n° 2, Éditions OCDE, Paris.

Andrews, D., C. Criscuolo et P.N. Gal (2016), « The Best versus the rest: The global productivity slowdown, divergence across firms and the role of public policy *», OECD Productivity Working Papers,* n° 5, Éditions OCDE, Paris.

Arnold, J., B. Brys, C. Heady, A. Johansson, C. Schwellnus et L. Vartia (2011), « Tax Policy for Economic Recovery and Growth », *The Economic Journal*, vol. 121, Royal Economic Society.

Causa, O., M. Hermansen et N. Ruiz (2016), « The distributional impact of structural reforms », *Documents de travail du Département des affaires économiques de l'OCDE*, n° 1342, Éditions OCDE, Paris.

Calvino, F. et M.E. Virgillito (2016), « The Innovation-Employment nexus: a critical survey of theory and empirics », *LEM Papers Series,* 2016/10, Laboratory of Economics and Management (LEM), Sant'Anna School of Advanced Studies, Pise, Italie.

Commission européenne, « Is unemployment structural or cyclical? Main features of job matching in the EU after the crisis », *Economic Papers*, n° 527, Commission européenne.

Égert, B. et P. Gal (2017), « The Quantification of Structural Reforms in OECD Countries: A new Framework *», Documents de travail du Département des affaires économiques de l'OCDE,* n° 1354, Éditions OCDE, Paris.

Fall, F., D. Bloch, J-M Fournier et P. Hoeller (2015), « Prudent debt targets and fiscal frameworks », *Documents d'orientation du Département des affaires économiques de l'OCDE,* n° 15, Éditions OCDE, Paris.

Fournier, J-M. (2016), « The positive effect of public investment on potential growth », *Documents de travail du Département des affaires économiques de l'OCDE*, n° 1347, Éditions OCDE, Paris.

Glaeser, E., R. LaPorta, R.F. Lopez-de-Silanes et A. Shleifer (2004), « Do institutions cause growth? », *Journal of Economic Growth*, vol. 9, Elsevier.

James, C., M. Devaux, C. Marechal, et F. Sassi (2015), « Inclusive growth and health », *OECD Employment, Labour and Social Affairs Health Division Committee Paper.*

Haltiwanger, J., S. Scarpetta et H. Schweiger (2006), « Assessing job flows across countries: The role of industry, firm size and regulations », *IZA Discussion Paper,* n° 2450, Bonne.

Heckman, J., L. Lochner et P. Todd (2005), « Earning functions, rates of return, and treatment effects: The Mincer equation and beyond », *NBER Working Paper*, n° 11544, National Bureau of Economic Research.

Hermansen, M., N. Ruiz et O. Causa (2016), « The distribution of the growth dividends », *Documents de travail du Département des affaires économiques de l'OCDE*, n° 1343, Éditions OCDE, Paris.

OCDE (2017), *Réformes économiques 2017: Objectif croissance*, Éditions OCDE, Paris.

OCDE (2016c), *Perspectives de l'emploi de l'OCDE 2016*, Éditions OCDE, Paris.

OCDE (2016b), *L'articulation entre productivité et inclusivité : Version préliminaire*, Éditions OCDE, Paris.

OCDE (2016a), *Le point sur les inégalités de revenus – novembre 2016*, Éditions OCDE, Paris.

OCDE (2015), *The Future of Productivity*, Éditions OCDE, Paris.

OCDE (2013), *Interconnected Economies: Benefiting from Global Value Chains*, Éditions OCDE, Paris.

Ollivaud, P., Y. Guillemette et D. Turner (2016), « Links between weak investment and the slowdown in productivity and potential output growth across the OECD », *Documents de travail du Département des affaires économiques de l'OCDE*, n° 1304, Éditions OCDE, Paris.

# Annexe 1.A. Indicateurs de politique structurelle

À partir de l'édition de 2018 d'*Objectif croissance*, le chapitre sur les indicateurs de politique structurelle est uniquement disponible en ligne, à l'adresse suivante:

http://www.oecd.org/eco/growth/going-for-growth

Ce chapitre présente l'ensemble complet des indicateurs quantitatifs qui permettent de comparer les politiques publiques de différents pays (pays de l'OCDE et certains pays non membres, en fonction de la disponibilité des données). Ces indicateurs couvrent les domaines suivants: systèmes de prélèvements et de prestations, ainsi que leurs effets sur les incitations au travail ; la réglementation des marchés de produits et la réglementation du marché du travail ; l'enseignement et la formation ; les règles relatives au commerce et à l'investissement ; ainsi que les politiques d'innovation. Ces indicateurs sont présentés sous forme de graphiques montrant, pour tous les pays, les données disponibles les plus récentes et les variations par rapport aux précédentes observations.

# Chapitre 2. Objectif croissance (plus) verte – que peuvent nous apprendre les indicateurs ?

*Le présent chapitre passe en revue les indicateurs de croissance verte disponibles pour apprécier l'utilité de leur éventuelle intégration future dans* Objectif croissance, *et il offre un examen d'ensemble des résultats et des progrès enregistrés par les différents pays du point de vue de chacun d'eux. Il met également en évidence les principales lacunes en matière de mesure, lesquelles revêtiront une importance cruciale pour déterminer l'étendue et la profondeur de la couverture de la croissance verte dans* Objectif croissance. *L'annexe fournit des informations complémentaires sur les principaux indicateurs de croissance verte susceptibles d'apporter une contribution au processus* Objectif croissance.

Les données statistiques concernant Israël sont fournies par et sous la responsabilité des autorités israéliennes compétentes. L'utilisation de ces données par l'OCDE est sans préjudice du statut des hauteurs du Golan, de Jérusalem Est et des colonies de peuplement israéliennes en Cisjordanie aux termes du droit international.

## Principales conclusions

- Un environnement propre et salubre est essentiel pour assurer l'activité économique et le bien-être à long terme. Défini au sens large, l'environnement constitue un intrant essentiel de la quasi-totalité des activités économiques ou de loisirs – tout comme de la vie elle-même – et elles ne pourraient exister sans lui.
- Les relations entre l'environnement et la croissance économique sont toutefois complexes et ne sont pas très bien documentées.
- Il n'existe aucune mesure unique des performances environnementales qui soit largement acceptée et puisse être utilisée pour l'exercice *Objectif croissance*. Des progrès non négligeables ont néanmoins été réalisés en ce qui concerne la mesure des résultats, des défis et des politiques en matière de croissance verte, en particulier dans le cadre des Indicateurs de croissance verte de l'OCDE.
- Les domaines les mieux couverts par les mesures des performances environnementales sont ceux du climat, de la pollution atmosphérique et de l'utilisation des terres. Des progrès ont également été accomplis pour ce qui est de la mesure de « l'innovation verte ».
- Les indicateurs relatifs aux déchets, au traitement des eaux usées et à l'efficience d'utilisation de l'eau, ainsi qu'à la pollution et à la rareté de l'eau en sont à un stade de développement moins avancé, et il est peu probable que leur utilisation systématique dans *Objectif croissance* puisse être pour l'heure envisagée. La mesure des risques doit également être améliorée.
- Malgré de récents progrès, les indicateurs des politiques environnementales ne sont pas encore bien développés et leur couverture demeure limitée. La capacité de mieux mesurer les politiques est cruciale pour améliorer les données empiriques relatives à leurs impacts.
- L'étendue de la future intégration de la croissance verte dans *Objectif croissance* dépendra fondamentalement des progrès enregistrés en matière de mesure, ainsi que des données empiriques sur les relations entre diverses dimensions telles que la croissance et le bien-être, l'environnement, ou les politiques environnementales.

*Objectif croissance* vise à promouvoir la croissance économique et le bien-être à long terme grâce à l'identification des priorités en matière de réforme structurelle dans les pays membres de l'OCDE comme dans les principales économies non membres. La capacité de soutenir les améliorations à long terme du PIB et du bien-être est tributaire – entre autres – de la capacité à atténuer les conséquences négatives de l'activité économique (telles que la pollution), ainsi qu'à réduire au minimum les risques liés à l'environnement et la dépendance à l'égard de ressources naturelles (limitées) en tant que source de croissance. À cet égard, les buts assignés à *Objectif croissance*, présenté comme « un programme d'action en faveur d'une croissance profitant à tous » sont par essence indissociablement liés à la croissance verte (CV) – ce qui leur confère une dimension de durabilité environnementale : « favoriser la croissance économique et le développement tout en veillant à ce que les actifs naturels continuent de fournir les ressources et les services environnementaux sur lesquels repose notre bien-être. » (OCDE, 2011)

La bonne mise en œuvre des Objectifs de développement durable repose sur une évaluation conjointe des progrès comme des défis économiques, sociaux et environnementaux. L'édition 2017 d'*Objectif croissance* était centrée sur l'intégration de l'inclusion parmi les critères de sélection des priorités. Un an plus tard, le moment est venu de franchir un premier pas dans l'étude de la dimension potentielle de croissance verte d'*Objectif croissance* (OCDE, 2017a). À cet égard, les mesures et les indicateurs constituent une base fondamentale pour mieux tenir compte des réformes de l'action publique visant à promouvoir la croissance verte et la protection de l'environnement. Le présent chapitre passe en revue les indicateurs de croissance verte disponibles pour apprécier l'utilité de leur éventuelle intégration future dans *Objectif croissance*, et il offre un examen d'ensemble des résultats et des progrès enregistrés par les différents pays du point de vue de chacun d'eux[3]. Il met également en évidence les principales lacunes en matière de mesure, lesquelles revêtiront une importance cruciale pour déterminer l'étendue et la profondeur de la couverture de la croissance verte dans *Objectif croissance*. L'annexe fournit des informations complémentaires sur les principaux indicateurs de croissance verte (CV) susceptibles d'apporter une contribution au processus *Objectif croissance*.

## 2.1. Environnement et croissance (et bien-être)

Un environnement propre et salubre est essentiel pour assurer l'activité économique et le bien-être à long terme. Défini au sens large, l'environnement constitue un intrant essentiel de la quasi-totalité des activités économiques ou de loisirs – tout comme de la vie elle-même – et elles ne pourraient exister sans lui. La relation entre l'environnement et la croissance du PIB est cependant plus complexe. Par exemple, si l'on se penche sur les contributions à la progression du PIB dans les pays de l'OCDE et dans les grandes économies de marché émergentes (Afrique du Sud, Argentine, Brésil, Chine, Fédération de Russie, Inde et Indonésie) au cours des deux dernières décennies, la principale source en a été la croissance de la productivité multifactorielle, suivie par l'augmentation de l'intensité capitalistique Graphique 2.1

Un cadre d'analyse développé au sein de l'OCDE permet d'évaluer les sources de croissance au sens large – en corrigeant les performances de croissance pour tenir compte des émissions atmosphériques « néfastes » (gaz à effet de serre et polluants atmosphériques) et en calculant la contribution apportée par la mise en valeur des actifs du sous-sol – autrement dit, en déterminant jusqu'à quel point la croissance mesurée de manière classique s'avère plus forte (ou plus faible) lorsque les effets d'une pollution accrue ou d'une plus grande exploitation des ressources naturelles du sous-sol sont pris en considération[4]. La correction requise pour tenir compte des émissions n'est sensiblement négative que pour la Chine, l'Inde, la Corée, le Costa Rica, la Turquie et le Mexique, ce qui indique qu'une bonne part de la croissance enregistrée dans ces pays a été obtenue aux dépens de l'environnement. Pour les autres pays, cette correction est négligeable, voire positive dans les pays ayant amélioré leurs performances en termes de pollution. En Russie, au Chili, en Chine, en Israël et en Australie, une part considérable de la croissance du PIB est imputable à une augmentation de l'extraction de ressources du sous-sol. Dans la plupart des autres pays, les ressources minérales souterraines n'ont pas joué un rôle moteur dans la croissance du PIB.

La relation entre l'environnement et la croissance est bien plus complexe et multidimensionnelle que ne peut le mettre en évidence ce concept de productivité multifactorielle corrigée des incidences environnementales (EAMFP). L'EAMFP se heurte à de graves limites en raison de l'ampleur des domaines environnementaux couverts : un petit nombre de grandes émissions de polluants atmosphériques, le dioxyde de carbone et diverses ressources extractibles. Toutefois, si l'environnement n'a peut-être pas joué par le passé un rôle de premier plan parmi les grands moteurs de la croissance macroéconomique, il n'en est pas moins essentiel pour maintenir la production et les revenus, et quelques grands thèmes faisant office de « fil rouge » peuvent être identifiés :

- *Durabilité de la croissance (et du bien-être).* L'activité économique, la consommation et les modes de vie sont tributaires de ressources épuisables, ainsi que de la capacité limitée de l'environnement à absorber les sous-produits indésirables de la production et de la consommation (autrement dit, de sa « fonction de puits »). Beaucoup de relations fondamentales sont pour une très large part non linéaires, les seuils et les goulets d'étranglement sont imprécis, variables selon le moment et l'endroit, ou tout simplement mal connus. Le dépassement de certains niveaux de dégradation imposerait des coûts élevés sous la forme de dommages pour la santé physique et psychologique, ou du fait de l'affectation de ressources productives aux indispensables activités de nettoyage, de remise en état ou d'adaptation.
- *Risques environnementaux pesant sur les perspectives de croissance.* Ces risques ont sur la croissance et le bien-être des effets préjudiciables similaires à ceux décrits ci-dessus, mais le problème tient davantage à une augmentation de leur probabilité qu'à une modification du scénario central. Autrement dit, la dégradation de l'environnement peut accroître les risques que se produisent des événements catastrophiques de grande ampleur. La probabilité croissante d'événements météorologiques extrêmes du fait du changement climatique en est un parfait exemple.
- *Aspects du bien-être non nécessairement liés à la croissance.* De nombreux aspects du bien-être, tels que la santé, la morbidité et la mortalité prématurée ou l'utilité tirée de l'accès aux aménités environnementales sont souvent difficiles à quantifier en termes de coûts tangibles ou de PIB.
- *Biens publics et effets transfrontières.* Une complication supplémentaire tient au fait que les dommages et les risques ne sont pas toujours supportés par le pays à l'origine de leur apparition, comme tel est par exemple le cas des externalités d'ampleur planétaire liées au changement climatique ou à la pollution transfrontières. En la matière, les contraintes peuvent davantage découler des engagements internationaux que des dommages et des risques effectivement supportés au niveau national.
- *Inclusion sociale et distribution des effets.* De nombreuses évolutions liées à l'environnement sont, il est vrai, d'ampleur limitée lorsqu'elles sont exprimées en moyenne (ou en termes globaux), mais elles pourraient avoir des impacts significatifs sur certaines composantes de la société (notamment sur les personnes vulnérables), sur l'économie locale et sur certains secteurs particuliers.

Le suivi des progrès dans le sens d'une croissance plus verte implique dans les faits un examen de la durabilité des augmentations de la croissance et du bien-être, de la contribution à la solution des problèmes d'environnement mondiaux et de la capacité de maîtriser les risques potentiels. Nos capacités en la matière demeurent limitées, mais elles ont suffisamment progressé pour permettre de faire un premier pas vers leur prise en compte dans *Objectif croissance*.

**Graphique 2.1. Les sources de la croissance : prise en compte de l'environnement[1]**

Ensemble de l'économie, taux de croissance moyens à long terme, 1991-2013 environ

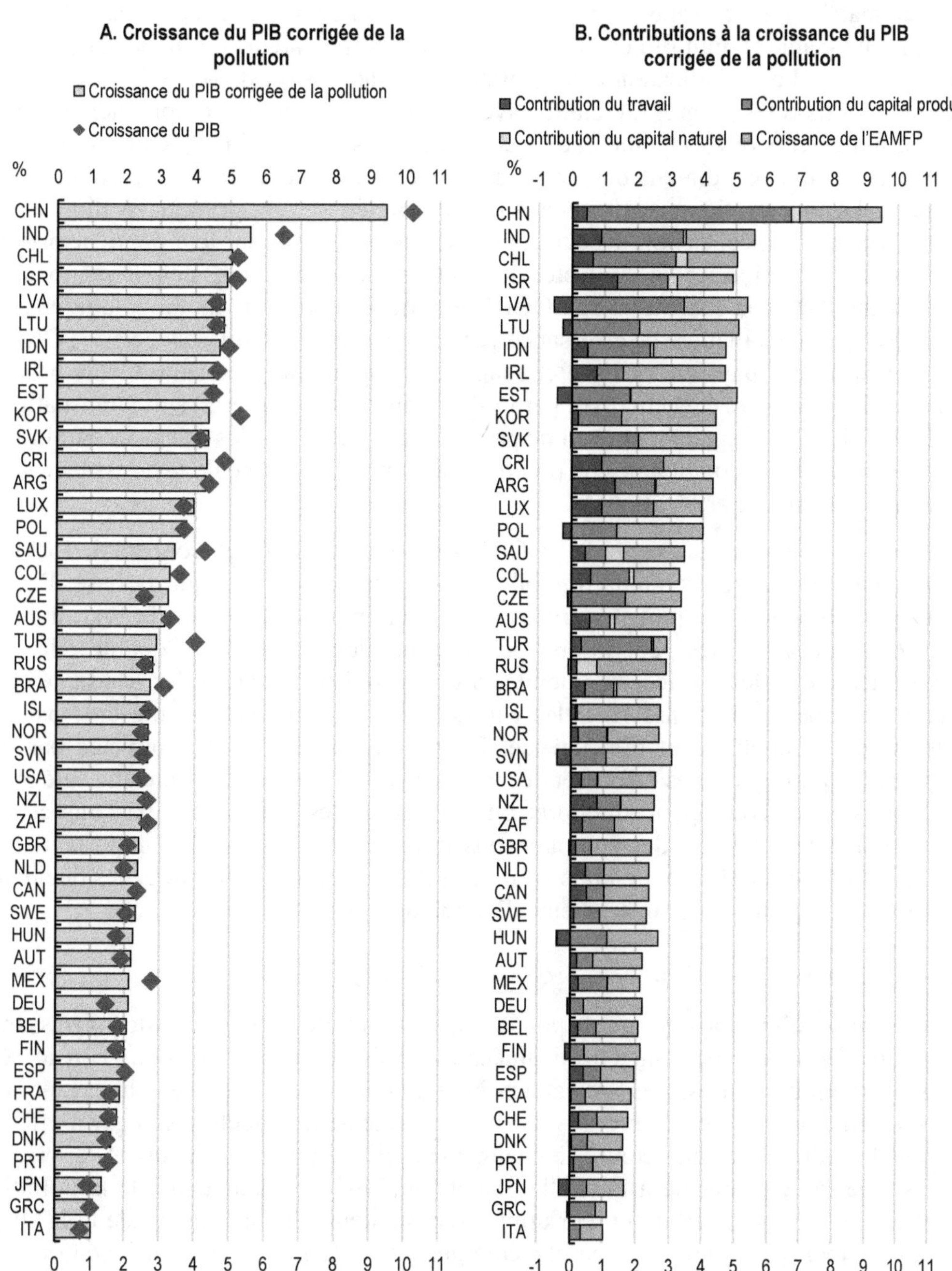


1. EAMFP signifie « productivité multifactorielle corrigée des incidences environnementales ». La couverture des services environnementaux demeure partielle, et elle est pour l'heure limitée aux actifs du sous-sol pour ce qui est des intrants (« capital naturel »), et aux émissions atmosphériques s'agissant des extrants indésirables. Les valeurs négatives du panneau B indiquent que la contribution du capital naturel (de l'extraction d'actifs du sous-sol en l'occurrence) à la croissance de la production a eu tendance à diminuer.

*Source* : OCDE (2017), Green Growth Indicators 2017.

StatLink http://dx.doi.org/10.1787/888933680210

## 2.2. Croissance verte – mesure des performances et des progrès

Il n'existe pas de méthode universellement applicable pour mesurer les performances et les progrès en matière de croissance verte, principalement parce que le concept de croissance verte est insaisissable et multidimensionnel, eu égard aux indicateurs pertinents disponibles (Graphique 2.2). Les « indicateurs de croissance verte » – c'est-à-dire les indicateurs mesurant les défis et les progrès en relation avec la croissance verte – comprennent un large éventail d'indicateurs environnementaux, économiques, sociaux, ainsi que des indicateurs associant deux de ces dimensions, ou davantage. Leur nombre est potentiellement inépuisable. Dans la pratique, seules peuvent être synthétisées les principales dimensions de la croissance verte, celles pour lesquelles un certain consensus sur leur degré de priorité a favorisé l'élaboration et la collecte de données y afférentes. Les Directions de l'environnement et de la statistique de l'OCDE ont proposé un cadre méthodologique pour mesurer les progrès en matière de croissance verte (indicateurs de croissance verte ; OCDE, 2011). Les différents pays ont analysé et adapté cette approche pour suivre leurs propres progrès, et elle a en outre été actualisée par l'OCDE en vue d'assurer un suivi transnational (OCDE, 2017b). Elle a également servi de point de référence dans les travaux conjoints de quatre organisations internationales de premier plan dans le domaine de la croissance verte (GGKP, 2014 ; Narloch *et al.* 2016).

Les indicateurs de croissance verte de l'OCDE sont conçus autour du concept de fonction de production. Ils sont axés sur la durabilité des « intrants » – tels que la base d'actifs naturels et les fonctions de puits assumées par l'environnement – et sur la fourniture de divers « extrants » – les conditions socioéconomiques et la « qualité de vie environnementale » : les services et aménités d'ordre environnemental liés à la santé et au bien-être. La capacité de transformer les « intrants » en « extrants » est mesurée par des indicateurs de productivité et d'efficience. Pour finir, ceux-ci sont complétés par des indicateurs des politiques, des efforts et des perspectives d'avenir. Dans chaque catégorie, des travaux sont en cours pour améliorer ou développer les indicateurs existants et leur couverture afin de permettre des comparaisons internationales. Précision importante, ces indicateurs sont essentiellement établis au niveau des pays pour les besoins des décideurs nationaux, et compte tenu des instruments d'action dont ils disposent[5].

### *2.2.1. Performances environnementales – actifs et productivité*

Faute de disposer d'une mesure simple pour comparer les différents aspects de la croissance verte, les performances peuvent être évaluées selon différentes dimensions considérées indépendamment des autres. Les indicateurs internationaux paraissent les plus avancés et les plus à même de mesurer les progrès dans le domaine de la réduction des gaz à effet de serre dans le cadre de la lutte contre le changement climatique et les coûts et les risques futurs associés à ce problème à l'échelle planétaire, ainsi que dans celui de la pollution atmosphérique. Leur couverture et leur utilité sont meilleures pour les pays de l'OCDE et pour les principales économies de marché émergentes (EME) prises en considération dans *Objectif croissance*. Dans d'autres domaines, tels que ceux des déchets, des prélèvements d'eau et de la pollution des ressources hydriques, et de la biodiversité, les indicateurs sont moins développés, malgré de notables progrès pour ce qui est de la couverture terrestre. De manière générale, dans de nombreux domaines environnementaux, la mesure des flux tend à être plus développée que la mesure quantitative et qualitative des stocks.

### *Changement climatique : émissions de gaz à effet de serre*

À l'échelle mondiale, les émissions de gaz à effet de serre (GES)[6] ont poursuivi leur tendance à la hausse tout au long des années 2000, s'accroissant d'environ 40 % par rapport à 1990[7]. Leur augmentation a été moins rapide que celle du PIB mondial, qui a presque doublé au cours de la même période. Dans la zone OCDE, le volume absolu des émissions a atteint un pic vers 2005, et il est à présent revenu à son niveau de la moitié des années 90. Seul un petit nombre de pays n'ont pas enregistré de diminution en 2014.

Des estimations plus récentes sont disponibles pour les émissions de $CO_2$ imputables à la combustion de combustibles, et elles indiquent que celles-ci sont demeurées stables sur la période 2014-16 et pourraient même avoir atteint un pic au niveau mondial (AIE, 2017). Depuis la moitié des années 90, la plupart des pays de l'OCDE et des grandes économies de marché émergentes ont bénéficié d'une croissance de leur PIB supérieure à celle de leurs émissions (Graphique 2.2, découplage relatif). Qui plus est, dans la moitié des pays de l'OCDE, en Russie et en Lituanie, les émissions ont diminué pendant cette période, en dépit de la croissance économique (Graphique , découplage absolu).

Dans le même temps, seuls 12 pays de l'OCDE ont effectivement réduit les émissions de carbone correspondant à leur panier de consommation, ce qui indique que, dans les autres pays, la baisse des émissions intérieures a été compensée par une augmentation des émissions incorporées dans les importations consommées. Dans quelques rares cas, ces émissions liées à la consommation n'ont montré aucun signe de découplage, comme en Norvège, en Indonésie, en Turquie, au Chili, en Arabie saoudite, au Brésil et au Mexique.

Les variations de la « productivité carbone » (ou à l'inverse de l'intensité carbone) reflètent tout à la fois les évolutions de la structure industrielle (au profit de services plus économes en énergie, par exemple), de l'efficacité énergétique et de la composition des approvisionnements énergétiques. La consommation totale d'énergie a continué d'augmenter dans la plupart des pays, bien que plus lentement que le PIB. Bien que la composition des approvisionnements énergétiques ait subi quelques changements ces dernières années, la part des énergies renouvelables s'est légèrement accrue dans les économies avancées, alors qu'elle a diminué dans la plupart des économies de marché émergentes, où les approvisionnements en charbon ont beaucoup augmenté Graphique 2.3).

Les performances sous l'angle des émissions de GES, la structure de celles-ci et leurs sources peuvent contribuer à déterminer les mesures de réduction jugées prioritaires par les pouvoirs publics dans des domaines tels que la réforme de la fiscalité, l'investissement dans des infrastructures, ou encore l'innovation. Étant donné qu'il n'existe guère de relation directe entre les effets du changement climatique et les émissions intérieures, leur lien avec la croissance économique intérieure peut être établi à travers les performances du point de vue des objectifs potentiels – les « budgets carbone » établis par les pays eux-mêmes ou ceux qu'ils se sont engagés à respecter dans le cadre d'accords internationaux (tels que l'Accord de Paris de 2015). Il est vrai que les engagements nationaux peuvent être vagues et difficiles à comparer, mais l'idée générale serait que des mesures d'atténuation seront d'autant plus nécessaires que les performances du pays considéré sont éloignées de celles visées (par exemple zéro émissions pour une année donnée). Dans le même temps, une part d'adaptation peut également être prise en considération, même si les indicateurs des risques climatiques paraissent légèrement moins développés[8]. Dans l'idéal, ces indicateurs devraient évaluer l'importance des mesures d'adaptation, par exemple dans le domaine de l'investissement dans les infrastructures ou dans celui de l'aménagement du territoire. Pour l'heure, les exemples d'indicateurs des risques incluent le pourcentage de la population vivant dans des zones vulnérables aux inondations (par exemple en dessous de 5 mètres de hauteur ; CIESIN, 2013) et le coût et la fréquence des événements météorologiques extrêmes, etc.

**Graphique 2.2. Dans la plupart des pays, le PIB a enregistré une croissance plus rapide que les émissions de CO2[1]**

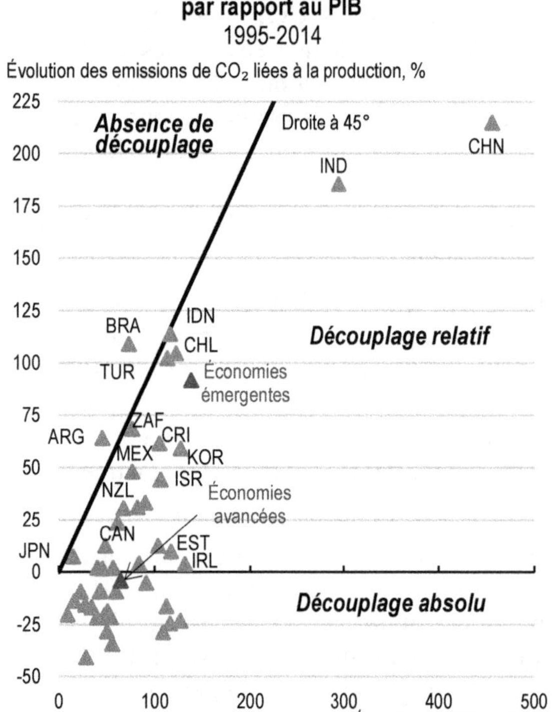


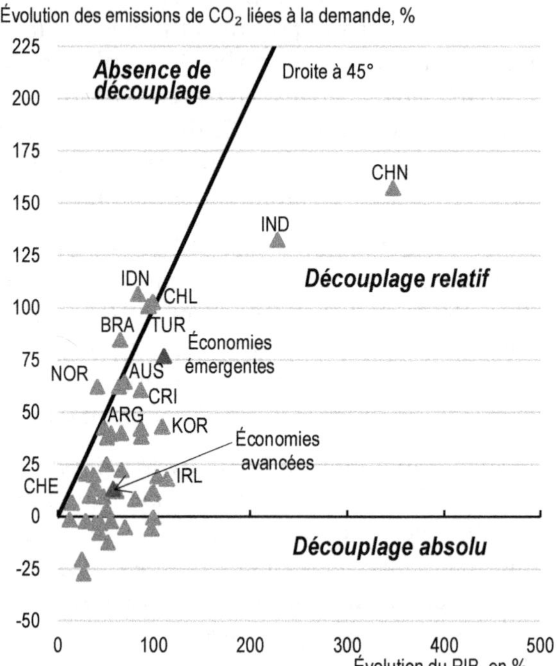


*Note* : Les émissions liées à la production correspondent aux émissions directement « générées » par la production intérieure. Les indicateurs fondés sur la demande prennent en considération les émissions « utilisées » ou « générées » par la demande finale intérieure (approche de « l'empreinte »). Ils incluent les flux environnementaux incorporés dans les importations et soustraient les flux environnementaux incorporés dans les exportations. Les indicateurs qui en résultent donnent une idée des flux environnementaux nets (directs et indirects) générés par la consommation et l'investissement des ménages et des administrations publiques (demande finale intérieure). Les économies avancées sont celles des pays de l'OCDE, plus celle de la Lituanie et moins celles du Chili, du Mexique et de la Turquie. Les économies émergentes sont celles de l'Afrique du Sud, de l'Argentine, du Brésil, du Chili, de la Chine, de la Colombie, du Costa Rica, de la Fédération de Russie, de l'Inde, de l'Indonésie, du Mexique et de la Turquie.
*Source* : OCDE (2017), Green Growth Indicators 2017.

StatLink http://dx.doi.org/10.1787/888933680229

**Graphique 2.3. Les approvisionnements énergétiques demeurent dominés par les combustibles fossiles**

Contributions à l'approvisionnement total en énergie primaire (ATEP)[1], 1990-2015

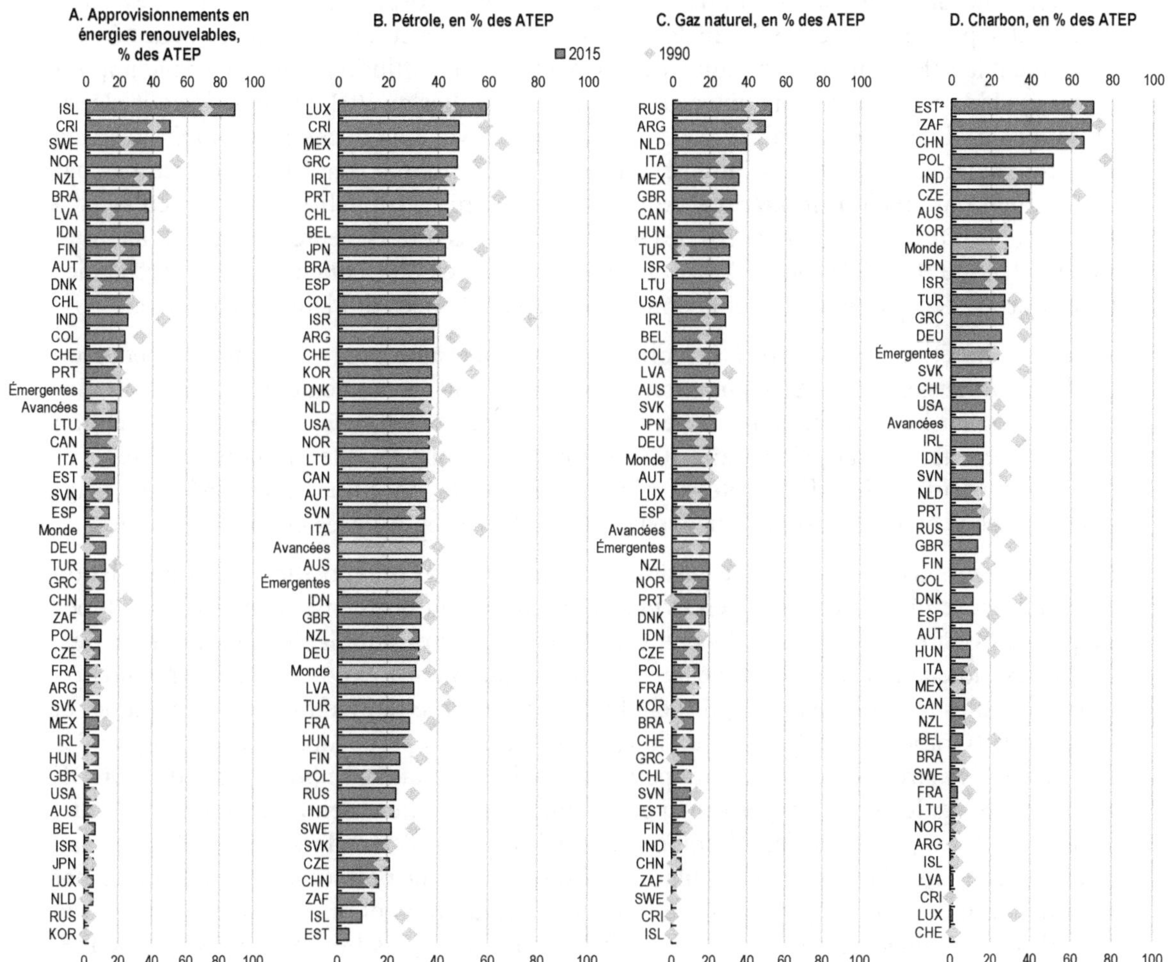


1. L'approvisionnement total en énergie primaire (ATEP) correspond par définition à la production d'énergie augmentée des importations d'énergie et diminuée des exportations d'énergie et des soutes internationales, et augmentée ou diminuée des variations des stocks, selon le cas. Les économies avancées sont celles des pays de l'OCDE, plus celle de la Lituanie et moins celles du Chili, du Mexique et de la Turquie. Les économies émergentes sont celles de l'Afrique du Sud, de l'Argentine, du Brésil, du Chili, de la Chine, de la Colombie, du Costa Rica, de la Fédération de Russie, de l'Inde, de l'Indonésie, du Mexique et de la Turquie.
2. Le charbon inclut les schistes bitumineux dans le cas de l'Estonie

*Source* : OCDE (2017), Green Growth Indicators 2017.

StatLink http://dx.doi.org/10.1787/888933680248

## *Pollution atmosphérique*

La pollution atmosphérique est souvent présentée comme le plus grand risque pour la santé lié à l'environnement à l'échelle de la planète (OMS, 2014). D'après les estimations, chaque année, environ 4 millions de personnes meurent prématurément du fait de la pollution atmosphérique, première cause de décès liés à l'environnement (OCDE, 2016a). Les particules fines ($PM_{2.5}$) compromettent le bien-être des populations par l'intermédiaire de l'augmentation des risques de maladies cardiaques, d'attaques cérébrales et d'affections et infections respiratoires qu'elles provoquent (OMS, 2016 ; Burnett *et al.* 2015). Les impacts négatifs sur la santé impliquent une baisse de la productivité, une augmentation de l'absentéisme et des frais médicaux plus élevés. Si les pouvoirs publics ne prennent pas de nouvelles mesures, en 2060 les impacts de la pollution atmosphérique extérieure devraient représenter pas moins de 1.5 % du PIB du fait de ses répercussions sur le marché, qui réduiraient le PIB d'un montant équivalent. Cependant, la pollution atmosphérique impose des coûts bien plus importants que ceux exclusivement liés au PIB, puisque le coût global en termes de bien-être devrait être beaucoup plus élevé. Les décès prématurés liés à la pollution devraient continuer d'augmenter jusqu'à faire de 6 à 9 millions de victimes par an en 2060 (simulation du nombre de décès prématurés attribuables aux particules et à l'ozone ; OCDE, 2016a). D'après les estimations, les effets représenteraient au total l'équivalent de 9 à 12 % du PIB si l'on tient compte des conséquences non marchandes telles que les décès prématurés et la douleur et les souffrances qui leur sont associés[9].

Attacher une étiquette de prix à la pollution atmosphérique peut avoir un sens pour un public plus large, mais les estimations des coûts sont généralement fondées sur des hypothèses hardies concernant les éléments sous-jacents, tels que le mode d'évaluation d'une année de vie supplémentaire. C'est pourquoi, pour faciliter le suivi des progrès accomplis, deux séries d'indicateurs plus directs de la pollution atmosphérique – les concentrations et les émissions – peuvent être identifiées et utilisées de manière conjointe.

Les indicateurs axés sur les concentrations et sur le degré d'exposition de la population peuvent mettre plus directement en évidence la gravité du problème. Les différents types de polluants auront différents effets, et ces effets seront vraisemblablement non linéaires. Parmi les indicateurs de croissance verte figure notamment l'exposition de la population aux particules fines ($PM_{2.5}$), qui bénéficie d'une large couverture géographique et temporelle (Graphique 2.4). La situation semble être plus préoccupante dans les grandes économies de marché émergentes très peuplées, mais un certain nombre de pays de l'OCDE enregistrent également des performances médiocres. Il n'en demeure pas moins que, depuis 1998, les plus fortes améliorations ont été observées en Indonésie, au Mexique, au Brésil, aux États-Unis et au Danemark. L'exposition à la pollution atmosphérique par l'ozone mesurée dans les pays de l'UE n'a guère montré d'amélioration et, dans beaucoup de villes européennes, les concentrations de $NO_2$ dépassent les limites autorisées (OCDE, 2016a).

Les concentrations sont le résultat des émissions de source anthropique ou naturelle (poussières minérales ou embruns salés, par exemple), intérieures mais aussi éventuellement extérieures (transfrontières), ainsi que des caractéristiques géophysiques du lieu considéré (conditions météorologiques, structure urbaine, etc.). Leurs impacts sur la santé dépendront en outre de la répartition physique des populations ainsi que du profil temporel de la pollution (exposition chronique ou exposition aiguë, par exemple). Aussi s'avère-t-il utile pour les responsables de l'action publique de prendre également en considération les émissions intérieures (locales), qui peuvent être plus directement ciblées par des mesures d'atténuation que ce n'est le cas des concentrations.

**Graphique 2.4. Exposition de la population à la pollution atmosphérique[1]**

Exposition moyenne de la population et part de la population exposée pour les différents seuils definis par l'OMS pour les PM 2.5

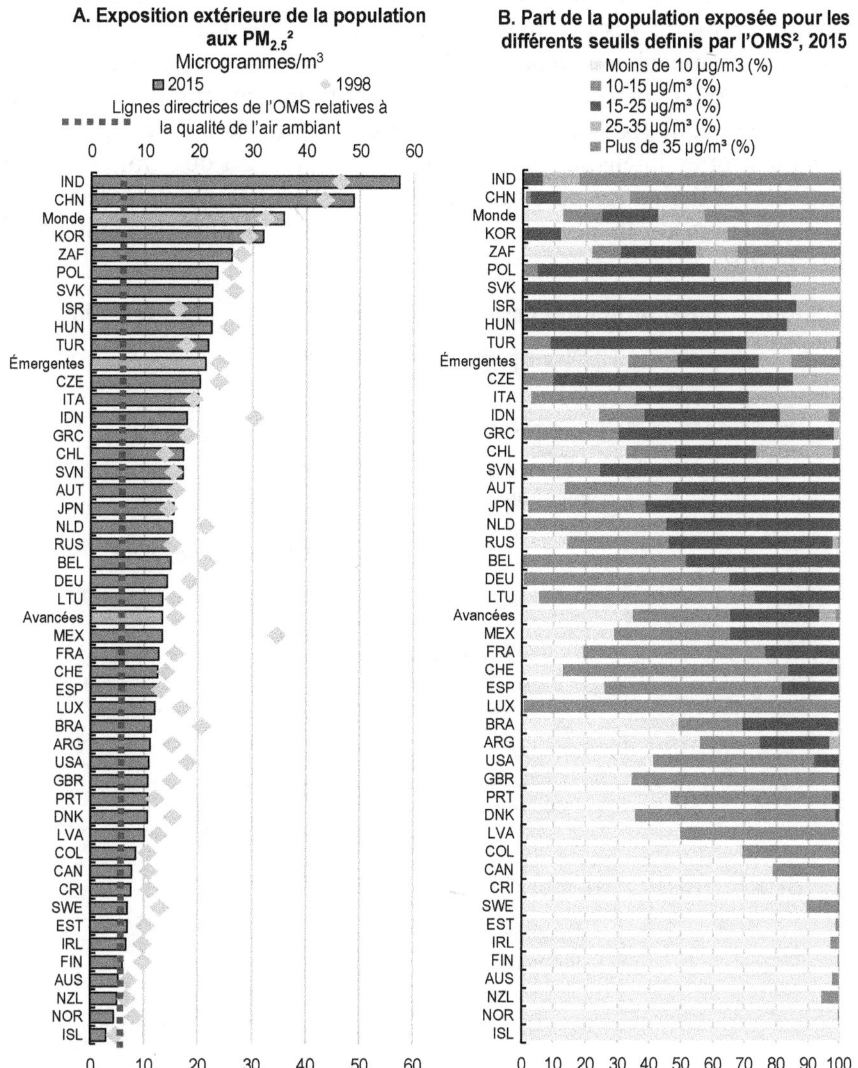


1. Les estimations de l'exposition chronique à la pollution extérieure par les PM 2.5 (qu'elles soient d'origine anthropique ou naturelle) sont issues d'observations satellitaires, de modèles de transport chimique et de stations de surveillance au sol. Elles sont mesurées en microgrammes par mètre cube. L'exposition de la population à la pollution atmosphérique est calculée en pondérant les concentrations par les chiffres de la population de chacune des cellules de la grille de données sous-jacente.

2. Les économies avancées sont celles des pays de l'OCDE, plus celle de la Lituanie et moins celles du Chili, du Mexique et de la Turquie. Les économies émergentes sont celles de l'Afrique du Sud, de l'Argentine, du Brésil, du Chili, de la Chine, de la Colombie, du Costa Rica, de la Fédération de Russie, de l'Inde, de l'Indonésie, du Mexique et de la Turquie.

*Source* : OCDE (2017), Green Growth Indicators 2017.

StatLink http://dx.doi.org/10.1787/888933680267

Les émissions de polluants atmosphériques nocifs ont enregistré une forte diminution depuis 1990 dans l'ensemble de la zone de l'OCDE (Graphique 2.5). Les données sont moins fournies que pour les gaz à effet de serre, et elles se caractérisent par une bonne couverture de la plupart des pays de l'OCDE (jusqu'en 2014) comme de ceux de l'UE, ainsi que par des séries plus courtes pour les économies non membres de l'OCDE, s'achevant au plus tard en 2010 (EDGAR). Les progrès les plus marquants en matière de réduction de ces émissions ont été observés dans les pays de l'Union européenne, dont les émissions sont bien inférieures aux niveaux des années 90 pour l'ensemble des polluants. Les émissions ont augmenté au Canada ($PM_{10}$), en Australie ($NO_x$, $SO_x$), en Islande ($SO_x$, CO, COVNM), en Nouvelle-Zélande et en Turquie (pratiquement tous les polluants), ainsi qu'au Chili et au Mexique ($NO_x$). Point intéressant, il s'agit de manière générale des pays présentant les plus fortes intensités d'émission. Pour ce qui est des grandes économies de marché émergentes et des autres pays non membres de l'OCDE, seul un découplage relatif a été observé au cours de la période 1990-2010, les émissions augmentant, mais plus lentement que le PIB.

**Graphique 2.5. Évolution des émissions de certains polluants atmosphériques**

Divers pays, par rapport à 1990

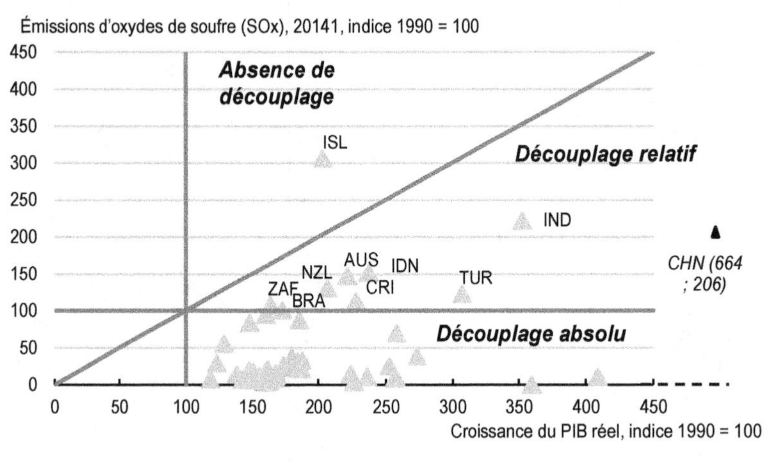


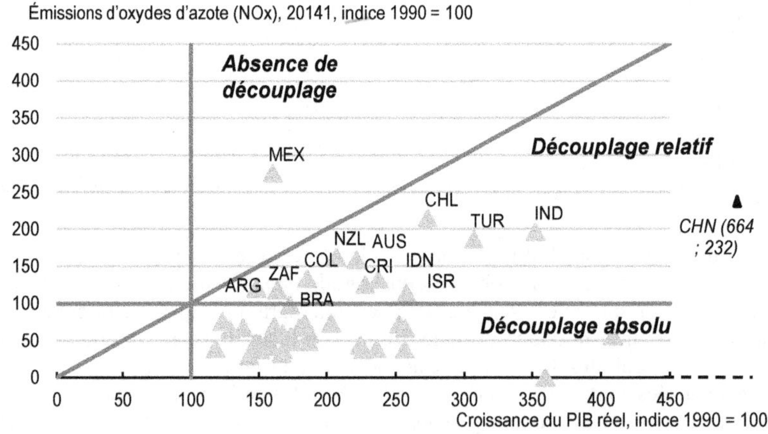


*Note* : Les données correspondent à l'année 2009 pour l'Afrique du Sud, l'Argentine, le Brésil, le Chili, la Chine, la Colombie, le Costa Rica, l'Inde, l'Indonésie et le Mexique ; à 2011 pour Israël ; et à 2012 pour la Fédération de Russie.

StatLink http://dx.doi.org/10.1787/888933680286

### *Couverture terrestre, utilisation des terres et biodiversité*

Dans le cas de la couverture terrestre, des ressources forestières ou de la biodiversité, la relation avec la croissance et le bien-être est particulièrement complexe et elle n'est souvent pas très bien établie. Les méthodes d'évaluation utilisées pour attribuer une valeur économique à ces ressources sont très imparfaites et des arbitrages peuvent être inévitables, surtout à court terme. Les ressources forestières peuvent par exemple être évaluées selon la valeur du bois d'œuvre – une approche très restrictive qui ne tient pas compte de leur contribution à la sauvegarde de la biodiversité, à la qualité de l'air ou à la prévention de l'érosion. La contribution directe au PIB de la foresterie et de l'exploitation forestière est par conséquent modeste dans les économies avancées – généralement moins de 0.5 % du PIB – sauf pour ce qui est de certains pays caractérisés par d'importantes dotations en ressources forestières (et par une faible densité démographique) tels que la Finlande, la Lettonie, la Nouvelle-Zélande, la Suède, l'Estonie, le Chili et le Canada – mais même dans ce cas la contribution de la foresterie reste bien inférieure à 2 % du PIB. Toutefois, la contribution au PIB des industries d'aval participant à la fabrication de produits dérivés du bois est plusieurs fois plus élevée. La couverture des données relatives aux économies émergentes est plus médiocre, mais la contribution aux exportations des produits forestiers est également limitée dans les grandes économies de marché émergentes.

Les modifications de la couverture terrestre donnent une indication des pressions qui s'exercent sur l'environnement naturel, et en particulier sur la biodiversité. En fait, les modifications de la couverture terrestre constituent la principale cause de perte de biodiversité (non marine) (CDB, 2010). C'est pourquoi l'OCDE a récemment déplacé la frontière s'agissant des indicateurs des modifications de la couverture terrestre et des conversions des terres (OCDE, 2017d). La nouvelle série de données est fondée sur des images satellitaires et se caractérise par une large couverture – pays (et régions) de l'OCDE et du G20 – et elle doit permettre le suivi des modifications de la couverture terrestre et des conversions des terres sur une plus longue période, depuis les années 90.

À l'échelle mondiale, environ 2.7 % des étendues naturelles et semi-naturelles ont disparu depuis 1992[10], les pertes les plus importantes étant observées au Brésil, en Chine, en Russie, aux États-Unis et en Indonésie – c'est-à-dire dans les pays les plus étendus et les plus peuplés, mais aussi ceux bénéficiant de la plus grande biodiversité (OCDE, 2017d). Les pays de l'OCDE ont perdu en moyenne 1.4 % de leurs étendues naturelles, ces pertes présentant une large dispersion allant de 0 % à 16 % (Graphique 2.6). Les modifications de la couverture terrestre suivent généralement un schéma standard lié aux différents stades de développement – on observe tout d'abord la conversion d'étendues naturelles en terres cultivées, puis dans un second temps celle d'une partie de celles-ci en terrains urbains (ou bâtis). Parmi les économies avancées, les trois quarts des pertes d'étendues naturelles ont été dus à la conversion de celles-ci en terres cultivées. Dans les économies de marché émergentes, cette part était sensiblement plus élevée. À l'échelle mondiale, environ 2 % de l'ensemble des terres cultivées ont été convertis en terrains urbains, bien que les chiffres correspondant à chaque pays paraissent étroitement liés aux pressions démographiques.

**Graphique 2.6. Pertes d'étendues naturelles et semi-naturelles[1]**

Divers pays, par rapport à 1992

A. Étendues des zones de végétation naturelle et semi-naturelle

Million de km², 2015

% de la superficie totale

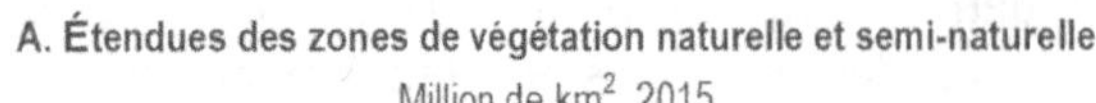


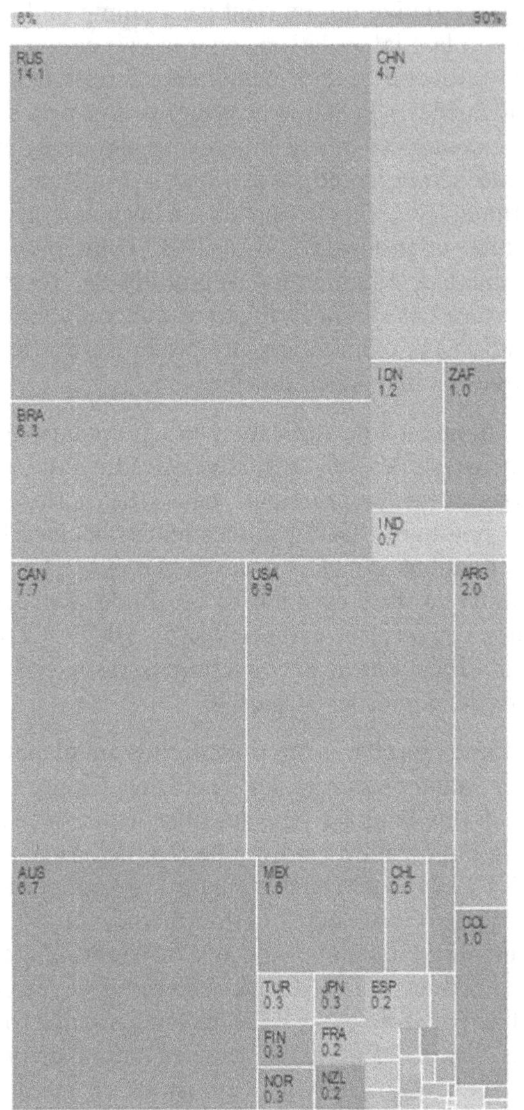


B. Intensité de la conversion des zones de végétation naturelle et semi-naturelle[2] en d'autres types de couverture terrestre, et vice versa

1992-2015

% des zones de végétation naturelle

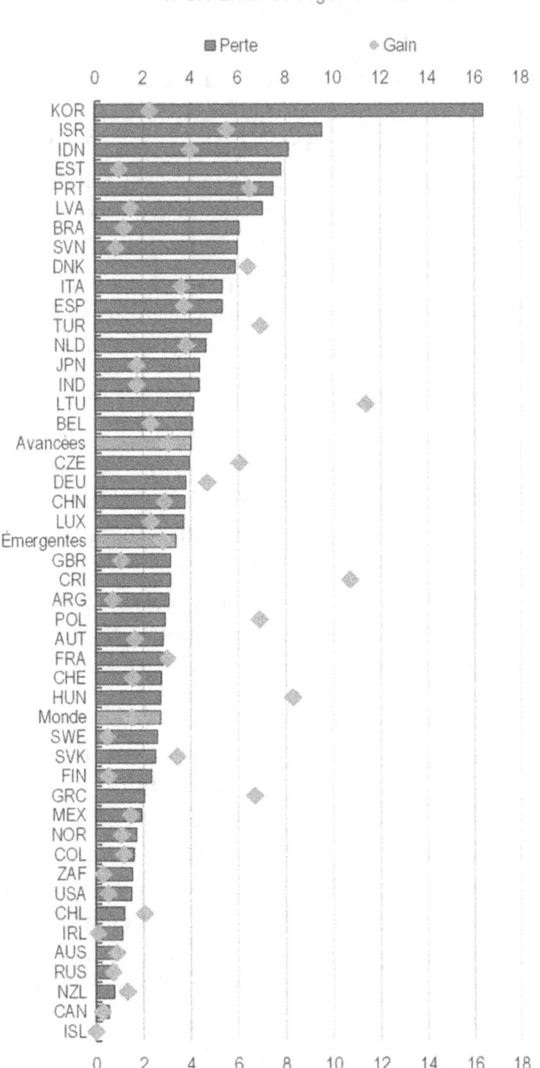


1. Les chiffres mondiaux renvoient aux superficies situées à l'intérieur des frontières politiques (à l'exclusion des mers, des océans et de l'Antarctique).

2. Les économies avancées sont celles des pays de l'OCDE, plus celle de la Lituanie et moins celles du Chili, du Mexique et de la Turquie. Les économies émergentes sont celles de l'Afrique du Sud, de l'Argentine, du Brésil, du Chili, de la Chine, de la Colombie, du Costa Rica, de la Fédération de Russie, de l'Inde, de l'Indonésie, du Mexique et de la Turquie.

StatLink http://dx.doi.org/10.1787/888933680305

### *Autres indicateurs des performances environnementales*

Les indicateurs relatifs aux déchets, au traitement des eaux usées et à l'efficience d'utilisation de l'eau, ainsi qu'à la pollution et à la rareté de l'eau en sont à un stade de développement moins avancé, et il est peu probable que leur utilisation systématique dans *Objectif croissance* puisse être pour l'heure envisagée. Les données relatives aux déchets souffrent de problèmes de comparabilité, et les données de bonne qualité disponibles ne couvrent en général que les seuls déchets municipaux. Les prélèvements d'eau sont en partie déterminés par les conditions géographiques et météorologiques, et l'on ne dispose que rarement d'informations sur l'utilisation ultérieurement faite de la ressource – qui peut ne pas être dénuée d'importance du point de vue de l'environnement. La qualité de l'eau est relativement bien étudiée par l'Agence européenne pour l'environnement et par l'Agence pour la protection de l'environnement des États-Unis, mais on ne dispose pas de données internationalement comparables. La situation est encore moins satisfaisante en ce qui concerne les rejets de polluants dans l'eau. Dans le cas particulier des indicateurs de la pollution de l'eau propres à l'agriculture, les bilans des éléments nutritifs par rapport à la superficie des terres agricoles, c'est-à-dire la différence entre les apports d'éléments nutritifs quittant les exploitations (principalement sous forme d'effluents d'élevage et d'engrais) et les quantités nécessaires aux cultures et aux productions fourragères, sont disponibles pour la plupart des pays de l'UE et de l'OCDE pour les deux dernières décennies. De manière générale, les moyennes nationales « pures » relatives à la rareté ou à la qualité de l'eau peuvent ne pas être très parlantes, mais ces données peuvent également être présentées en mettant davantage l'accent sur les cas extrêmes : part des activités agricoles situées dans des zones exposées à un risque de pénurie d'eau, part des masses d'eau présentant des niveaux de pollution non conformes aux normes, etc.

Les indicateurs environnementaux étroitement liés au développement – tels que l'accès à une eau propre et salubre, à des services d'assainissement ou à une source fiable d'approvisionnement en électricité – peuvent être importants pour les économies de marché émergentes. De mauvaises performances dans ces domaines impliquent une santé et une qualité de vie médiocres et l'exclusion de bien des personnes, et elles peuvent faire obstacle à une amélioration de la croissance et du bien-être. Ces données sont disponibles selon une fréquence annuelle sur une plus longue période de temps.

Enfin, les séries d'indicateurs agrégés sur les bases d'actifs naturels – tels que les indices des ressources naturelles et la consommation et la productivité des matières non énergétiques correspondantes – visent à mettre en évidence la dépendance à l'égard des ressources non renouvelables et leur risque d'épuisement (surtout dans le cas des minerais souterrains). Leur utilité pour *Objectif croissance* n'en est pas moins discutable au stade actuel. Premièrement, les estimations des stocks d'actifs naturels se sont révélées peu fiables – en raison par exemple de nouvelles découvertes ou des degrés variables d'accessibilité de ces ressources (sur le plan géographique comme au fil du temps, du fait du progrès technologique). Deuxièmement, les ressources minérales peuvent faire l'objet d'échanges internationaux (et elles sont dans une certaine mesure recyclables) ; par conséquent, la dépendance à leur égard en tant que facteur de croissance n'est à l'évidence pas liée aux stocks intérieurs. Troisièmement, les méthodes d'agrégation sont souvent problématiques ou ne sont du moins pas bien établies – par exemple, pour la productivité des matières premières, les matières de diverses valeurs sont en règle générale agrégées selon leur poids. Pour ce qui est de la dépendance à l'égard des industries minières et de l'exportation des ressources correspondantes en tant que moteur de la croissance, l'augmentation de l'EAMFP en donne une idée générale, quoique rudimentaire.

### *2.2.2. Indicateurs des efforts, des perspectives d'avenir et des politiques mises en œuvre*

Les indicateurs de croissance verte couvrent également une série d'indicateurs liés aux politiques, aux efforts et aux perspectives d'ordre environnemental. L'idée générale consiste à comparer l'orientation des politiques des différents pays (et leurs résultats intermédiaires, par exemple dans le domaine de l'innovation) – en vue d'évaluer leurs efforts pour préserver un environnement propre. Cependant, les problèmes de mesure et de comparaison des politiques environnementales constituent un facteur clé limitant le développement d'indicateurs de ce type.

Les indicateurs les plus étroitement liés aux politiques mises en œuvre portent essentiellement sur le signal de rigueur transmis par la politique environnementale. Les indicateurs incluent des mesures directes – la rigueur de la politique environnementale de l'OCDE (Botta et Kozluk, 2014) et la rigueur perçue des politiques, eu égard aux réponses à l'enquête du Forum économique mondial (FEM) sur l'opinion des cadres dirigeants. Le premier met l'accent sur les « coûts » imposés aux pollueurs par la politique mise en œuvre – par exemple, une politique plus rigoureuse est associée à une plus forte taxation des émissions ou à des normes de pollution plus strictes. La rigueur de la politique environnementale est une mesure *de jure* disponible pour la plupart des pays et des grandes économies de marché émergentes depuis les années 90 jusqu'à 2015. Il s'agit d'un indicateur général qui est toutefois pour l'instant limité pour une large part à quelques politiques en matière de climat et de pollution atmosphérique[11]. La mesure basée sur l'enquête du FEM vise à établir une évaluation globale *de facto* du degré de rigueur des politiques (tout comme de leur application effective) en questionnant les dirigeants d'entreprise. Elle couvre quasiment tous les pays (Graphique 2.7). Ces deux approches se heurtent à d'importantes limites, mais elles peuvent donner une indication du degré de rigueur global des politiques environnementales des différents pays.

De plus, l'OCDE collecte également des données sur les recettes fiscales liées à l'environnement, qui sont souvent utilisées pour indiquer le potentiel de génération de recettes d'un instrument d'action, bien qu'elles doivent être maniées avec précaution. En effet, en principe, un montant élevé de recettes fiscales liées à l'environnement pourrait aussi bien indiquer la rigueur des politiques (de tarification) environnementales mises en œuvre que la grande ampleur des problèmes d'environnement auxquels elles s'efforcent de faire face[12]. En pratique, la plus grande partie des recettes provient de la fiscalité énergétique, la fiscalité automobile occupant la deuxième place. Il convient de remarquer que beaucoup de ces taxes ont davantage pour but de collecter des recettes que de protéger l'environnement. La couverture géographique des indicateurs s'étend progressivement au-delà des pays de l'OCDE et des grandes économies de marché émergentes (Graphique 2.8). De manière plus générale, les recettes fiscales liées à l'environnement tendent à représenter moins de 4 % du PIB. On affirme souvent qu'elles pourraient remplacer le produit des impôts directs si un prix devait être plus systématiquement acquitté en cas d'atteintes à l'environnement associées à la production et à la consommation de biens et services. Il importe toutefois de souligner que, si l'augmentation des taxes environnementales leur permet également de mieux remplir leur fonction – à savoir inciter les entreprises et les ménages à découpler leur activité de l'environnement – l'assiette fiscale devrait se contracter au fil du temps.

**Graphique 2.7. Différents indicateurs de la rigueur des politiques environnementales**

A. Les différentes mesures de la rigueur des politiques environnementales renvoient une image similaire

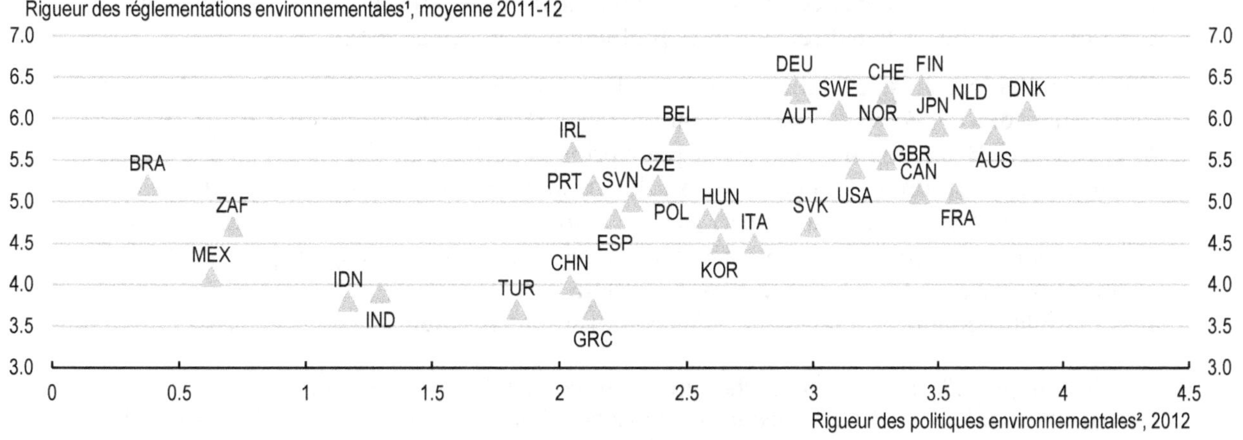


B. Rigueur des politiques environnementales²
2015

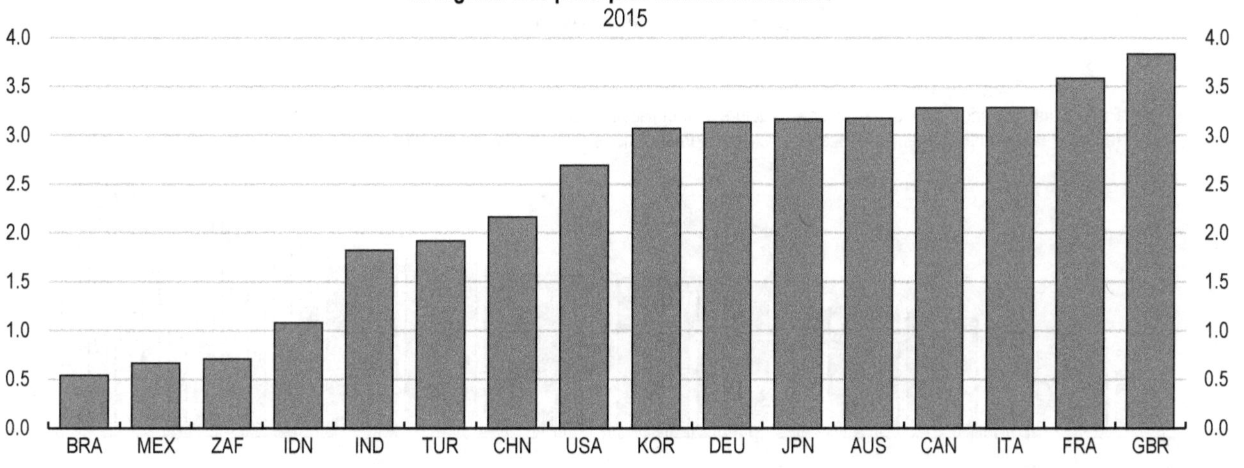


1. Indice de 1 à 7 allant des réglementations environnementales les moins rigoureuses jusqu'aux plus rigoureuses.
2. L'Indice de la rigueur des politiques environnementales de l'OCDE est une mesure de la rigueur des politiques environnementales propre à chaque pays et internationalement comparable. La rigueur des politiques environnementales est fonction du degré auquel elles imposent un prix explicite ou implicite sur les comportements polluants ou préjudiciables pour l'environnement. L'indice va de 0 (absence de rigueur) à 6 (rigueur maximale).
*Source* : Forum économique mondial et OCDE, Base de données sur les politiques environnementales.

StatLink http://dx.doi.org/10.1787/888933680324

Les indicateurs et les variables de substitution portant plus spécifiquement sur les politiques climatiques incluent les prix effectifs du carbone établis par l'OCDE (OCDE, 2016b) – qui s'efforcent de montrer quelle est la tarification effective des contenus en carbone des différentes sources d'énergie (et de leurs diverses utilisations) résultant des taxes et des systèmes de permis négociables en vigueur dans chaque pays. Leur couverture géographique est similaire à celle des recettes fiscales, mais on ne dispose pas encore de séries chronologiques. Les prix de l'énergie pour l'utilisateur final sont aussi parfois utilisés en tant qu'indicateur de la rigueur des politiques climatiques (Sato *et al.* 2015).

D'importantes séries de données relatives aux politiques mises en œuvre ont trait aux subventions en faveur des combustibles fossiles (Inventaire OCDE des mesures de soutien pour les combustibles fossiles) et aux subventions aux producteurs agricoles (OCDE, 2017c) – étant donné que la combustion de combustibles fossiles et l'agriculture intensive ont l'une et l'autre un lien direct avec les problèmes d'environnement.

En particulier, certains des indicateurs des politiques mises en œuvre liés à la fiscalité sont déjà utilisés dans *Objectif croissance* pour identifier quelles sont les priorités pour favoriser la croissance. Beaucoup de pays ayant pour priorité de faire évoluer la structure de leur fiscalité pour accroître la part des taxes sur la consommation (ou des taxes spécifiquement environnementales) tirent une part assez faible de leurs recettes de la fiscalité environnementale (Graphique 2.9). Dans le même temps, les pays ayant pour priorité de réduire les dépenses fiscales ou d'élargir l'assiette fiscale tendent à se caractériser par des niveaux intermédiaires d'exonération des combustibles fossiles (Graphique 2.10).

**Graphique 2.8. Importants écarts concernant la part des recettes tirées de la fiscalité environnementale par les pays ayant pour priorité dans Objectif croissance de modifier la structure de leur fiscalité[1]**

En pourcentage des recettes fiscales totales, 2014

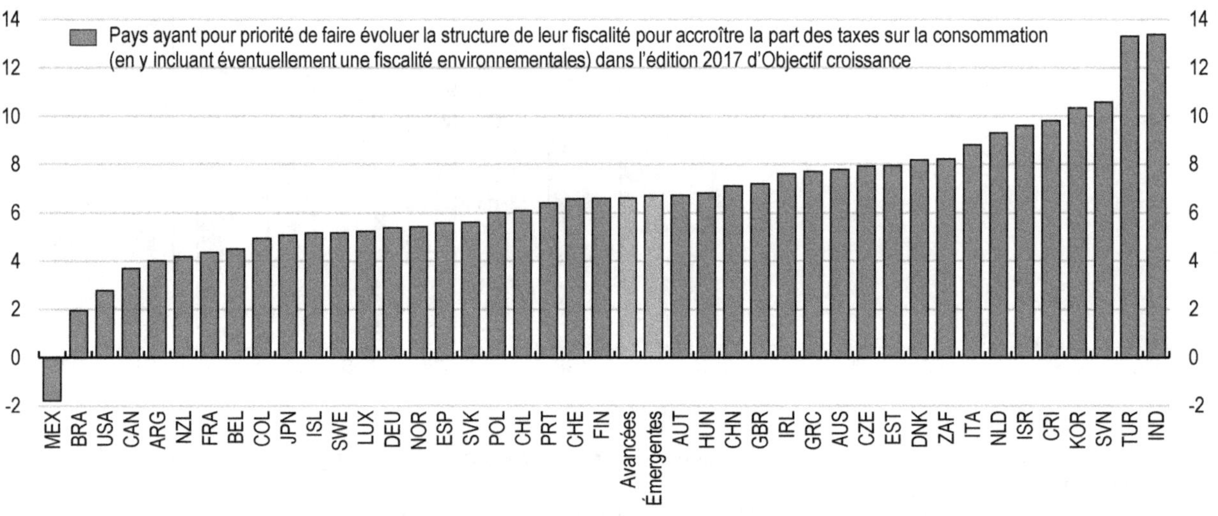


*Note* : Les économies avancées sont celles des pays de l'OCDE, plus celle de la Lituanie et moins celles du Chili, du Mexique et de la Turquie. Les économies émergentes sont celles de l'Afrique du Sud, de l'Argentine, du Brésil, du Chili, de la Chine, de la Colombie, du Costa Rica, de la Fédération de Russie, de l'Inde, de l'Indonésie, du Mexique et de la Turquie. Les données correspondent à l'année 2013 pour l'Australie, le Brésil, la Colombie, le Japon, le Mexique, les Pays-Bas, la Pologne ; et à 2000 pour la Grèce.

StatLink http://dx.doi.org/10.1787/888933680343

**Graphique 2.9. Subventions aux combustibles fossiles contre objectif de réduction des dépenses fiscales**

En pourcentage des recettes fiscales totales, 2014

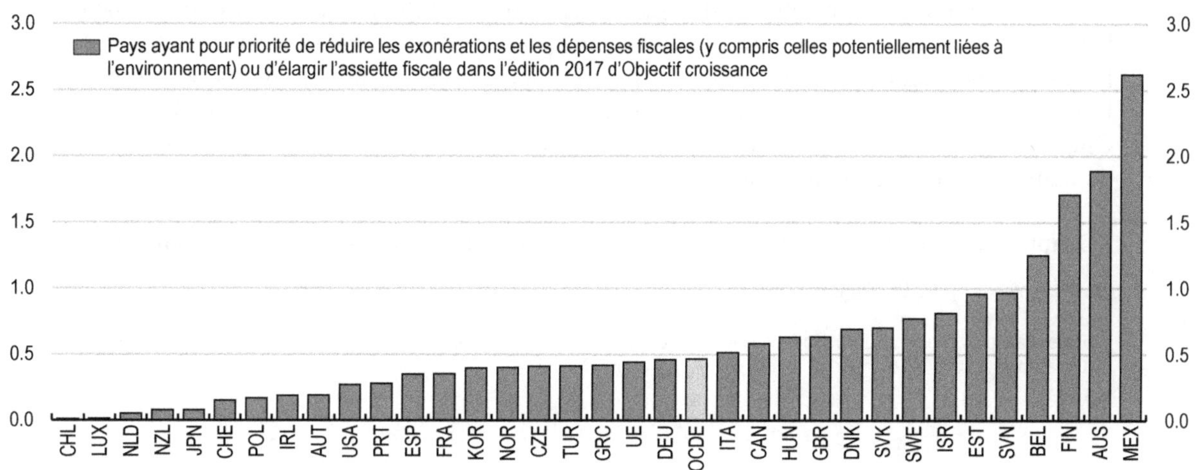


*Source* : OCDE, Base de données sur la croissance verte.

StatLink http://dx.doi.org/10.1787/888933680362

## *Innovation « verte »*

Les indicateurs de l'innovation « verte » s'efforcent de rendre compte de l'étape « intermédiaire » de la transition vers la croissance verte : la mise au point de nouveaux modes de production et de consommation plus respectueux de l'environnement. L'innovation est une condition indispensable de la croissance verte : elle permet de réduire les conséquences négatives de la croissance et de l'amélioration du bien-être sur l'environnement et donc d'en accroître la durabilité et la résilience à long terme. Les indicateurs liés à l'innovation sont fondés soit sur des intrants tels que les dépenses de R-D, soit sur des extrants tels que les statistiques relatives aux dépôts de brevets (Graphique et Graphique 2.11). Malgré leur bonne acceptation, aucune de ces variables de substitution n'est parfaite – la relation entre les dépenses d'innovation et le progrès technologique réel s'avère complexe et seule une partie des innovations est brevetée et brevetable. Ni l'une ni l'autre ne tiennent compte de la mise en œuvre effective des innovations. Une difficulté supplémentaire tient à la nécessité de distinguer quelles sont les technologies présentant réellement un intérêt pour une transition vers la croissance verte – opération généralement basée sur une classification technologique des dépenses de R-D et des brevets, ainsi que sur leurs descriptions (Hascic et Migoto, 2015). Les données de l'OCDE reposent principalement sur des classifications des technologies dans le cadre desquelles certaines de ces dernières sont jugées présenter un intérêt pour l'environnement. Les données relatives aux brevets ne permettent pas de donner une réponse directe à la question de savoir quelles sont les innovations ou les inventions effectivement importantes, mais elles présentent un grand avantage : leur large disponibilité (temporelle et géographique) et leur caractère quantitatif.

Dans l'ensemble, bien que le soutien public à la R-D considérée comme liée aux domaines de l'énergie et de l'environnement ait été généralement maintenu ou accru dans la plupart des pays de l'OCDE tout au long des années 2000, le nombre des brevets déposés dans le domaine des technologies vertes semble avoir ralenti dans le monde entier, contrastant avec leur essor au début des années 2000. La vaste majorité des inventions vertes trouvent leur origine dans les économies avancées, et en particulier dans les grandes économies caractérisées par des dépenses globales de R-D élevées et dont la politique environnementale donne souvent des signes de rigueur – tels que les États-Unis, le Japon, l'Allemagne, la Corée et la France. Malgré une plus faible contribution en termes absolus, le Danemark occupe la première place par le pourcentage de brevets verts par rapport à l'ensemble des brevets. Les grandes économies de marché émergentes, et en particulier la Chine et l'Inde, ont enregistré un rapide essor bien que leur contribution en valeur absolue demeure inférieure eu égard à leur taille.

**Graphique 2.10. Dépenses publiques de R-D présentant un intérêt pour la croissance verte**

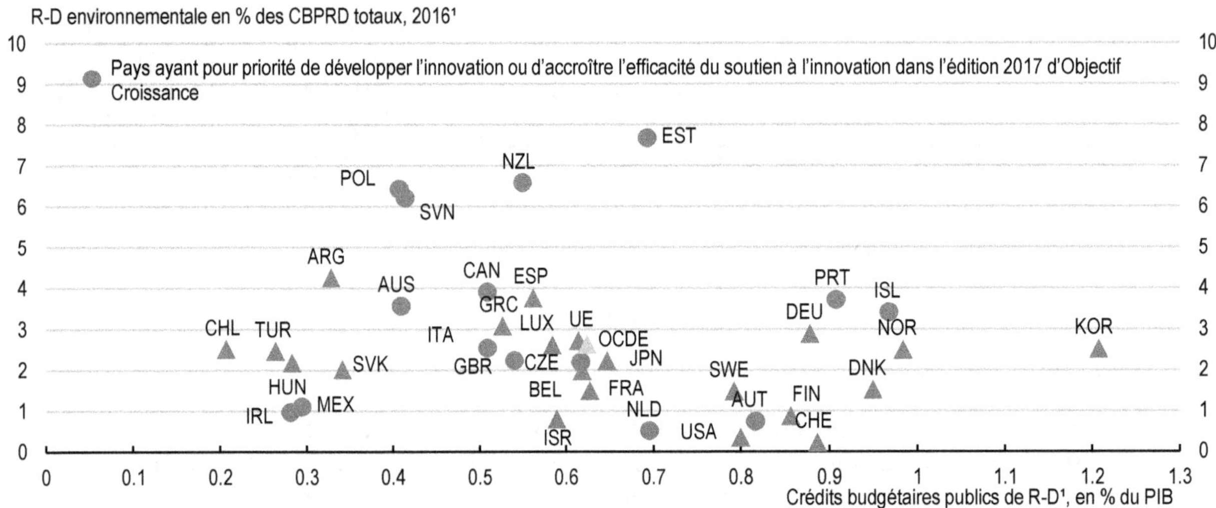


*Note* : CBPRD signifie « crédits budgétaires publics de RD ». L'année la plus récente disponible est 2017 pour l'Autriche et les Pays-Bas ; 2015 pour la Belgique, le Chili, la Corée, l'Espagne, l'Estonie, la Fédération de Russie, la Grèce, la Hongrie, l'Irlande, Israël, l'Italie, la Pologne, la Slovénie, la Suède, le Royaume-Uni et la Turquie ; 2014 pour l'Islande et la Suisse ; 2013 pour le Canada ; et 2012 pour l'Argentine.
*Source* : OCDE, Base de données sur les innovations dans le domaine des technologies liées à l'environnement ; OCDE, Base de données sur la science, la technologie et les brevets ; et OCDE, Base de données des perspectives économiques.

StatLink http://dx.doi.org/10.1787/888933680381

**Graphique 2.11. Part des brevets portant sur des « technologies environnementales[1] »**

A. Technologies liées à l'environnement

En % de l'ensemble des technologies, 2013

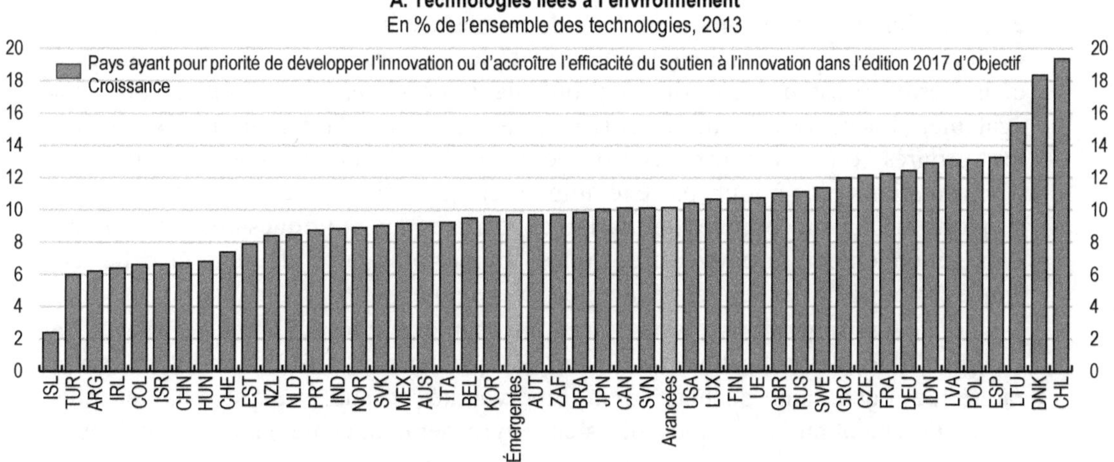


B. Orientation du progrès technologique en faveur de l'environnement

Évolution entre 2000-02 et 2011-13

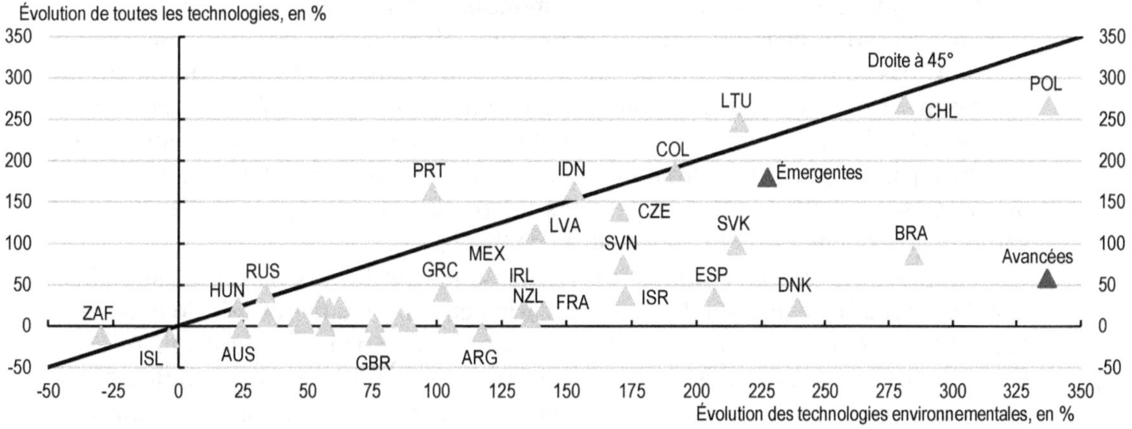


*Note* : Les économies avancées sont celles des pays de l'OCDE, plus celle de la Lituanie et moins celles du Chili, du Mexique et de la Turquie. Les économies émergentes sont celles de l'Afrique du Sud, de l'Argentine, du Brésil, du Chili, de la Chine, de la Colombie, du Costa Rica, de la Fédération de Russie, de l'Inde, de l'Indonésie, du Mexique et de la Turquie.

*Source* : OCDE, Base de données sur l'innovation dans le domaine des technologies liées à l'environnement ; et OCDE (2017), Green Growth Indicators 2017.

StatLink http://dx.doi.org/10.1787/888933680400

## 2.3. Lacunes dans la mesure de la croissance verte - qu'aimerions-nous (mieux) mesurer ?

Les récents progrès des indicateurs de croissance verte permettent de faire un premier pas vers l'intégration de la croissance verte dans *Objectif croissance*. Une proposition détaillée visant à une telle intégration est en cours de mise en œuvre, mais le processus sera inévitablement progressif et précautionneux – il se poursuivra au fur et à mesure du perfectionnement des indicateurs de croissance verte. Les informations disponibles sur certains des indicateurs clés sont présentées de manière synthétique en Annexe – Tableau 2.A.1. Plusieurs événements marquants pourraient accroître les possibilités d'une telle intégration :

*Indicateurs* :

- La couverture et l'actualité de beaucoup d'indicateurs de croissance verte doivent être améliorées. Le fait que dans des domaines environnementaux essentiels les évolutions tendancielles à long terme soient plus importantes que les fluctuations à court terme n'est pas en soi un problème pour *Objectif croissance*, qui met également l'accent sur le moyen et le long termes. Cependant, pour mieux détecter les progrès ou les tournants, il pourrait être souhaitableau de disposer d'informations plus à jour, par exemple en ce qui concerne les expositions et les risques, les GES ou certaines des variables relatives aux politiques mises en œuvre. Plus généralement, la couverture d'un ensemble plus large de pays et celle des années intermédiaires seraient également bienvenues.
- De nouvelles dimensions et améliorations (par exemple du point de vue de la comparabilité) des indicateurs existants, tels que ceux relatifs à la pollution et à la rareté de l'eau, aux déchets, à la biodiversité et aux écosystèmes, et plus particulièrement aux politiques mises en œuvre, seraient également souhaitables.

*Concepts* :

- Traitement amélioré des biens communs mondiaux (climat, océans, biodiversité) et leur incorporation dans les objectifs nationaux. Étant donné que ces objectifs ne relèvent pas directement du domaine de compétences des responsables de l'élaboration des politiques nationales, leur intégration dans *Objectif croissance* pourrait être favorisée par la mise au point d'indicateurs évaluant par exemple leur distance par rapport aux ambitions d'un pays, qui pourraient notamment être mesurées sur la base de ses engagements internationaux à long terme (les budgets carbone pourraient ainsi être basés sur la COP 21).
- Couverture améliorée des problèmes d'environnement locaux ou régionaux, ainsi que des risques ne constituant pas un scénario central. En tant que tels, le lien entre ces derniers et la croissance et le bien-être d'ensemble peut être moins manifeste, en particulier dans les grands pays, mais il pourrait être mieux rendu compte de leur importance en ayant recours à des indicateurs du degré d'exposition aux risques de la population (ou de l'économie) (part du PIB menacée, pourcentage de la population vivant dans des zones présentant plus de risques pour la santé, part de la production agricole assurée dans des zones exposées à un risque d'inondation ou de pénurie d'eau, etc.).
- Plus grande comparabilité des politiques environnementales des différents pays – sous l'angle de leur rigueur comme sous d'autres aspects de leur conception (flexibilité, stabilité, caractère plus ou moins propice à la croissance).

*Données empiriques* :

- Il conviendrait de disposer, sur divers horizons temporels, de données empiriques plus solides mettant en relation : (i) les dommages environnementaux d'une part et la croissance économique et le bien-être d'autre part (tant directement que par l'intermédiaire d'une augmentation des risques) ; (ii) les politiques environnementales avec les résultats obtenus dans le domaine économique comme dans ceux du bien-être et de l'environnement ; (iii) les politiques et les résultats économiques avec les pressions sur l'environnement. Cela permettrait un ciblage plus direct de l'objectif de croissance solide et durable énoncé dans *Objectif croissance*, ainsi qu'une formulation plus concrète des recommandations aux pouvoirs publics.

- Il serait en outre souhaitable de traduire ces données en de meilleurs indicateurs des risques et des coûts des dommages environnementaux, et de s'en servir, par exemple, pour guider le choix des coefficients de pondération lors de l'élaboration d'indicateurs agrégés.

## Notes

[3]. Une contribution essentielle au présent chapitre a été apportée par les travaux de l'OCDE sur les Indicateurs de croissance verte, menés par la Direction de l'environnement en coopération avec la Direction de la statistique (OCDE, 2017b ; http://oe.cd/ggi).

[4]. Des informations détaillées sur la mesure de la productivité multifactorielle corrigée des incidences environnementales (EAMFP) pourront être trouvées dans Cardenas Rodriguez *et al.* (2016) et Brandt *et al.* (2014).

[5]. Des données plus désagrégées sont parfois disponibles, au niveau régional ou à celui d'une ville, par exemple.

[6]. Hors utilisation des terres, changement d'affectation des terres et foresterie (UTCATF).

[7]. L'observation mondiale la plus récente date de 2012. Pour les pays de l'OCDE et les grandes EME, les données les plus récentes datent de 2014.

[8]. L'OCDE prévoit de mener en 2018-19 des travaux visant à l'élaboration d'indicateurs en ce domaine.

[9]. L'ouvrage de l'OCDE (2016a) présente les perspectives mondiales à l'horizon 2060 pour ce qui est des principaux impacts qu'exercerait sur la santé humaine et sur l'agriculture une pollution atmosphérique accrue : nombre de décès prématurés, cas de maladie et pertes de rendements agricoles. Cet ouvrage s'appuie sur un cadre détaillé de modélisation d'équilibre général, le modèle ENV-Linkages de l'OCDE, pour calculer les coûts économiques régionaux et mondiaux associés aux impacts qui peuvent être reliés aux marchés, comme l'évolution des dépenses de soins de santé, de la productivité du travail, et de la production agricole. Les impacts non marchands, tels que les décès prématurés et le coût des douleurs et souffrances provoquées par la maladie, sont calculés sur la base d'estimations du consentement à payer (CAP) obtenues à l'aide d'études d'évaluation directe. Les coûts en termes de bien-être des décès prématurés causés par la pollution atmosphérique sont calculés au moyen de la valeur d'une vie statistique (VVS).

[10]. Les étendues naturelles et semi-naturelles correspondent aux superficies couvertes par une végétation naturelle ou semi-naturelle et présentant une empreinte anthropique limitée.

[11]. L'OCDE collecte un grand nombre d'informations sur les politiques en vigueur dans la Base de données sur les instruments d'action dans le domaine de l'environnement (*Database on Policy Instruments for Environment* – PINE) http://www2.oecd.org/ecoinst/queries/. En particulier, la rigueur des politiques environnementales est estimée à l'aide de ces données.

[12]. Les taxes liées à l'environnement sont définies comme tout paiement obligatoire et sans contrepartie perçu par les pouvoirs publics sur la base d'une assiette fiscale présumée pertinente du point de vue de l'environnement, c'est-à-dire comme des prélèvements fiscaux reposant sur une assiette ayant sur l'environnement une incidence négative spécifique et démontrée : produits énergétiques, équipements et services de transport, pollution et ressources naturelles, entre autres. Cette définition inclut le produit de la vente aux enchères des permis d'émission. Les taxes liées à l'environnement alourdissent les coûts d'un produit ou d'une activité de nature polluante, ce qui tend à en décourager la production ou la consommation, quelle qu'ait été l'intention ayant motivé la mise en place de la taxe.

## Références

Acemoglu D. et al. (2012), « The Environment and Directed Technical Change », *American Economic Review,* vol. 102, n° 1, pp. 131-166, https://pubs.aeaweb.org/doi/pdfplus/10.1257/aer.102.1.131.

AIE (2017), « IEA finds $CO_2$ emissions flat for thirds straight year even as global economy grew in 2016 », https://www.iea.org/newsroom/news/2017/march/iea-finds-co2-emissions-flat-for-third-straight-year-even-as-global-economy-grew.html.

Albrizio S. et al. (2014), « Do environmental policies matter for productivity growth? Insights from new cross-country measures of environmental policies », *Documents de travail du Département des affaires économiques de l'OCDE*, n° 1176, Éditions OCDE, Paris, http://dx.doi.org/10.1787/18151973.

Botta, E. et T. Koźluk (2014), « Measuring Environmental Policy Stringency in OECD Countries: A Composite Index Approach », *Documents de travail du Département des affaires économiques de l'OCDE*, n° 1177, Éditions OCDE, Paris, http://dx.doi.org/10.1787/5jxrjnc45gvg-en.

Brandt N., P. Schreyer et V. Zipperer (2014), « Productivity Measurement with Natural Capital and Bad Outputs », *Documents de travail du Département des affaires économiques de l'OCDE*, n° 1154, Éditions OCDE, Paris, http://dx.doi.org/10.1787/5jz0wh5t0ztd-en.

Burnett, R.T. et al. (2014), « An integrated risk function for estimating the global burden of disease attributable to ambient fine particulate matter exposure », *Environmental Health Perspectives*, vol. 122, pp. 397-403.

Cárdenas Rodríguez M., Haščič I. et Souchier M. (2016), « Environmentally adjusted multifactor productivity: methodology and empirical results for OECD and G20 countries », *OECD Green Growth Papers*, n° 2016/04, Éditions OCDE, Paris, http://dx.doi.org/10.1787/5jlr2z7ntkf8-en.

CDB (2010), *Perspectives mondiales de la diversité biologique 3*, Convention sur la diversité biologique, www.cbd.int/gbo3.

CIESIN (2016), « Gridded Population of the World, version 4 (GPWv4) », Center for International Earth Science Information Network, http://dx.doi.org/10.7927/H4X63JVC, http://sedac.ciesin.columbia.edu/data/set/lecz-urban-rural-population-land-area-estimates-v2.

Haščič, I. et M. Migotto (2015), « Measuring environmental innovation using patent data », *Documents de travail de l'OCDE sur l'environnement*, n° 89, Éditions OCDE, Paris, http://dx.doi.org/10.1787/5js009kf48xw-en.

Koźluk, T. (2014), « The Indicators of the Economic Burdens of Environmental Policy Design: Results from the OECD Questionnaire », *Documents de travail du Département des affaires économiques de l'OCDE*, n° 1178, Éditions OCDE, Paris, http://dx.doi.org/10.1787/5jxrjnbnbm8v-en.

Narloch, U, T. Kozluk et A. Lloyd (2016), « Measuring Inclusive Green Growth at the Country Level, Taking Stock of Measurement Approaches and Indicators » *Green Growth Knowledge Platform Working Paper*, 02 2016, Research Committee on Measurement & Indicators de la GGKP (Plateforme de connaissances sur la croissance verte), http://www.greengrowthknowledge.org/sites/default/files/downloads/resource/Measuring_Inclusive_Green_Growth_at_the_Country_Level.pdf.

OCDE (2017a), *Réformes économiques 2017: Objectif croissance*, Éditions OCDE, Paris, http://dx.doi.org/10.1787/growth-2017-fr.

OCDE (2017b), *Green Growth Indicators 2017*, Éditions OCDE, Paris, http://dx.doi.org/10.1787/9789264268586-en.

OCDE (2017c), *Politiques agricoles : suivi et évaluation 2017*, Éditions OCDE, Paris, http://dx.doi.org/10.1787/agr_pol-2017-fr.

OCDE (2017d) « Land Cover Change and Conversions: Methodology and Results for OECD and G20 Countries », Document préparé en vue de la réunion des 23-24 novembre 2017 du Groupe de travail sur l'information environnementale (ENV/EPOC/WPEI(2017)/3).

OCDE (2016a), *Les conséquences économiques de la pollution de l'air extérieur*, Éditions OCDE, Paris, http://dx.doi.org/10.1787/9789264262294-fr.

OCDE (2016b), *Effective Carbon Rates: Pricing $CO_2$ through Taxes and Emissions Trading Systems*, Éditions OCDE, Paris, http://dx.doi.org/10.1787/9789264260115-en.

OCDE (2011), *Vers une croissance verte*, Études de l'OCDE sur la croissance verte, Éditions OCDE, Paris, http://dx.doi.org/10.1787/9789264111332-fr.

OMS (2014), « 7 millions de décès prématurés sont liés à la pollution de l'air chaque année », *communiqué de presse*, Centre des médias, Organisation mondiale de la santé, Genève, www.who.int/mediacentre/news/releases/2014/air-pollution/fr/.

Sato, M., G. Singer, D. Dussaux et S. Lovo (2015), « International and sectoral variation in energy prices 1995-2011: how does it relate to emissions policy stringency? » *Centre for Climate Change Economics and Policy Working Paper, n° 212.*

# Annexe 2.A. Liste et couverture de quelques-uns des indicateurs de croissance verte disponibles

**Annexe – Tableau 2.A.1. Quelques-uns des indicateurs de croissance verte qui pourraient être inclus dans *Objectif croissance***

| Domaine couvert par l'indicateur | Couverture et disponibilité | Importance pour les domaines de priorité et les recommandations procroissance d'*Objectif croissance* | Remarques |
|---|---|---|---|
| | Performances : changement climatique | | |
| Émissions de GES (ensemble de l'économie) | GES : les estimations fondées sur des modèles sont établies à l'échelle mondiale. Données effectives – principalement pour les pays développés. Mises à jour fréquentes, mais moins bonne couverture de l'UTCATF. Émissions de $CO_2$ dues à la combustion : couverture mondiale, mises à jour annuelles, à jour. | Fiscalité, infrastructures, utilisation des terres, agriculture et transports (émissions par secteur) | Les émissions de $CO_2$ disponibles sont respectivement liées à la « production » et à la « consommation ». Souvent utilisées en relation avec les variables de production (« productivité carbone »). Les performances peuvent être évaluées par rapport à l'objectif présumé de réduction des émissions jusqu'à les ramener à zéro. Divers indicateurs complémentaires (concernant par exemple le bouquet énergétique) sont disponibles. |
| Budgets carbone | Pour l'heure, elles ne sont pas bien développées. | Fiscalité, infrastructures, utilisation des terres, agriculture et transports (émissions par secteur) | Bien qu'importants, il est improbable qu'ils soient utiles à ce stade. |
| Adaptation et risques | Médiocres et souvent dépassées, en particulier dans le cas des expositions et des risques. Travaux prévus par la Direction de l'environnement de l'OCDE en 2018-19. | Fiscalité, infrastructures, utilisation des terres, agriculture et transports (émissions par secteur) | Bien qu'importants, il est improbable qu'ils soient utiles à ce stade. |
| | Performances : pollution atmosphérique | | |

| Domaine couvert par l'indicateur | Couverture et disponibilité | Importance pour les domaines de priorité et les recommandations procroissance d'*Objectif croissance* | Remarques |
|---|---|---|---|
| Concentrations de pollution atmosphérique (et exposition à celle-ci) | Couverture mondiale depuis au moins deux décennies pour les particules. Couverture bien plus médiocre des autres polluants – principalement certaines villes des pays développés. | Infrastructures/transports publics, tarification routière, zonage/réglementations foncières | Prennent en considération la contribution des facteurs naturels. |
| Émissions de pollution atmosphérique | Données d'inventaire disponibles par source pour 6 grandes catégories de polluants pour les pays de l'OCDE (données actuelles et rétrospectives). Les estimations basées sur des modèles pour les totaux (correspondant aux grandes catégories) sont disponibles sur une plus longue période à l'échelle mondiale (jusqu'en 2012). Elles devraient s'améliorer avec les futurs comptes des émissions mondiales. | Infrastructures/transports publics, tarification routière, zonage/réglementations foncières, fiscalité | Non nécessairement liées aux résultats environnementaux. |
| Performances : actifs naturels et utilisation des terres | | | |
| Couverture terrestre et modifications de la couverture terrestre | Mondiale, depuis les années 90 | Zonage, réglementations foncières, infrastructures/transports publics, tarification routière | Met l'accent sur la quantité (et non sur la qualité) des différents types de couverture terrestre. Également disponible à un niveau régional. |
| Conversions des différents types de couverture terrestre | Mondiale, depuis les années 90 | Zonage, réglementations foncières, infrastructures/transports publics, tarification routière | Met l'accent sur la quantité (et non sur la qualité) des différents types de couverture terrestre. Également disponible à un niveau régional. |
| Bilans d'azote et de phosphore | Pays de l'OCDE principalement, | Subventions agricoles | Pas nécessairement simples à interpréter |

| Domaine couvert par l'indicateur | Couverture et disponibilité | Importance pour les domaines de priorité et les recommandations procroissance d'*Objectif croissance* | Remarques |
|---|---|---|---|
| | depuis les années 80 ou 90 | | et à mettre directement en relation avec les politiques mises en œuvre. |
| Performances (intermédiaires) : innovation et infrastructures | | | |
| Brevets « verts » | Mondiale, annuelle | Politiques d'innovation, fiscalité (progrès technologique orienté) | Limites générales des données sur les brevets. |
| Soutien public à la R-D « verte » | Limité aux catégories énergétiques. Pays de l'OCDE, données rétrospectives disponibles au travers des délais de mise à jour. | Politiques d'innovation, fiscalité (progrès technologique orienté) | Sur la base des dépenses des administrations publiques dans un ensemble limité de catégories. |
| Accès à une eau propre, à l'assainissement, à l'électricité | Disponible dans le monde entier, à jour et avec des données rétrospectives. | Infrastructures, inclusivité | Principalement pertinent pour les EME. |
| Politiques | | | |
| Fiscalité liée à l'environnement | OCDE + certaines grandes EME + divers autres. Mise à jour tous les ans depuis 1994. | Structure fiscale et assiette fiscale (exonérations), politiques de transport | Permet l'identification de la structure des taxes, qui peut être importante pour la formulation des recommandations. La motivation des différentes taxes n'est pas nécessairement environnementale (droits indirects, par exemple). |
| Subventions en faveur des combustibles fossiles | OCDE et certaines grandes EME (OCDE). Principales EME (AIE). Mises à jour depuis les années 2000. | Subventions en faveur des combustibles fossiles, fiscalité (élargissement de l'assiette fiscale) | La méthodologie de l'OCDE est basée sur des inventaires effectifs des mesures. La méthodologie de l'AIE est basée sur l'écart entre les prix intérieurs et les prix mondiaux. |
| Soutien aux producteurs agricoles | OCDE. Mises à jour depuis les années 90. Travaux de l'OCDE à venir sur les subventions préjudiciables en faveur de la pêche. | Subventions agricoles | Données ventilées en soutien au producteur et soutien au consommateur. Montants totaux, l'UE étant traitée comme une seule et unique entité. Peut inclure les |

| Domaine couvert par l'indicateur | Couverture et disponibilité | Importance pour les domaines de priorité et les recommandations procroissance d'*Objectif croissance* | Remarques |
|---|---|---|---|
| | | | subventions visant à améliorer les performances environnementales. |
| Rigueur des politiques environnementales (OCDE) | Depuis les années 90. Plupart des pays de l'OCDE + certaines grandes EME. Actualisation la plus récente : 2012 ou 2015 (G20). | Général, État de droit, fiscalité | Indicateur composite extrêmement général principalement basé sur les politiques atmosphériques et climatiques. |
| Rigueur des politiques environnementales selon le FEM. | Mondiale, annuelle, depuis les années 2000. | Général, État de droit | Comparaison au fil du temps problématique, la disponibilité des mises à jour n'est pas toujours évidente. Quelques problèmes potentiels d'échantillonnage. |
| Indicateurs des entraves à l'entrée et à la concurrence créées par les politiques environnementales (indicateurs BEEP) | 2013 uniquement, mise à jour prévue en 2018. Pays de l'OCDE + ZAF, HRV. | Obstacles à l'entrée et à la concurrence, charges administratives pesant sur les entreprises, régulation des marchés de produits | Nombre limité de problèmes couverts, concernant principalement les aspects relatifs à la conception des politiques environnementales. |
| | | Autres | |
| EAMFP | OCDE et G20, annuelle depuis les années 90 | Général | Croissance de la productivité multifactorielle corrigée pour tenir compte de certains polluants atmosphériques, du $CO_2$ et des principales ressources minières. |

# Chapitre 3. Politiques en faveur de la productivité : la conception des régimes nationaux d'insolvabilité

*Ce chapitre présente les nouveaux indicateurs de l'OCDE relatifs à la conception des régimes d'insolvabilité eu égard à leur pertinence pour la croissance de la productivité et, de manière plus générale, pour l'*Objectif croissance. *Ces indicateurs font ressortir des différences importantes entre les pays en ce qui concerne la contribution des régimes d'insolvabilité à la sortie sans heurts des entreprises non viables, et montrent que certains pays pourraient améliorer l'affectation des ressources et la productivité en réformant les lois et procédures en matière d'insolvabilité.*

Les données statistiques concernant Israël sont fournies par et sous la responsabilité des autorités israéliennes compétentes. L'utilisation de ces données par l'OCDE est sans préjudice du statut des hauteurs du Golan, de Jérusalem Est et des colonies de peuplement israéliennes en Cisjordanie aux termes du droit international.

## Principales conclusions

- L'inefficacité des régimes d'insolvabilité peut être liée à trois sources interdépendantes de faiblesse de la productivité du travail : la survie d'entreprises « zombies » qui devraient normalement quitter le marché, la mauvaise affectation du capital, c'est-à-dire l'immobilisation des ressources dans des utilisations à faible productivité, et la lenteur de la diffusion des technologies.
- Le nouvel ensemble d'indicateurs relatifs aux régimes d'insolvabilité établi par l'OCDE réunit des informations sur les caractéristiques de conception des régimes d'insolvabilité participant à la sortie en douceur ou à la restructuration efficace des entreprises défaillantes, par exemple la possibilité de prendre un nouveau départ ; la présence de mécanismes de prévention et de simplification des procédures d'insolvabilité ; et l'existence d'outils de restructuration ; cet ensemble d'indicateurs contient aussi des informations supplémentaires sur le rôle des tribunaux, les dispositions établissant une distinction entre les faillites honnêtes et les faillites frauduleuses, et les droits des salariés.
- Les indicateurs font apparaître des différences sensibles entre les pays. Le régime d'insolvabilité du Royaume-Uni occasionne des coûts personnels assez faibles pour les entrepreneurs faillis, engendre de faibles obstacles à la restructuration et comporte de nombreuses dispositions visant à favoriser la prévention et la simplification.
- Par ailleurs, les régimes d'insolvabilité de l'Estonie et de la Hongrie sont ceux qui créent les obstacles les plus importants à la sortie sans heurts et en temps voulu ou à la restructuration. Il serait souhaitable que ces régimes diminuent les coûts assumés par les entrepreneurs faillis, améliorent l'offre d'outils de restructuration et renforcent la prévention et la simplification.
- Les indicateurs de l'OCDE relatifs aux régimes d'insolvabilité sont complémentaires des indicateurs d'insolvabilité existants *Doing Business* de la Banque mondiale car ils prennent en compte de manière plus exhaustive les dispositions sous-jacentes. De plus, en reliant plus explicitement les faiblesses aux dispositifs publics, ils peuvent servir à repérer immédiatement les recommandations adressées aux pays dans le cadre d'*Objectif croissance*.
- Dans son édition 2017, *Objectif croissance* a recommandé à six pays – l'Afrique du Sud, l'Australie, l'Estonie, l'Italie, la Pologne et le Portugal - de réformer en priorité leur législation relative à l'insolvabilité. En 2017, seule l'Italie a entrepris des réformes à cet égard. À l'avenir, ce type de recommandation pourra être affiné à l'aide des nouveaux indicateurs de l'OCDE.

## 3.1. Introduction

Les récents travaux de l'OCDE sur la croissance de la productivité ont apporté de nouvelles preuves de l'importance de disposer de marchés de produits ouverts et concurrentiels pour favoriser les gains d'efficience, l'innovation et la croissance économique. Ces travaux ont souligné l'intérêt qu'il y a à encourager l'entrée de nouvelles entreprises et le redéploiement des ressources depuis les entreprises peu performantes vers les entreprises très performantes. Les entreprises peu performantes qui ne peuvent pas s'améliorer devraient quitter le marché ou se restructurer afin de libérer des ressources qui pourraient être utilisées à meilleur escient par des entreprises mieux gérées et plus innovantes. De fortes pressions concurrentielles et la sélection par le marché sont les principaux mécanismes qui conduisent à ces résultats. Cependant, l'efficacité de ces mécanismes peut être affaiblie – ou renforcée – par différentes dispositions réglementaires qui influent sur l'entrée et la sortie des entreprises ainsi que sur la souplesse nécessaire pour permettre la réaffectation des ressources en capital et en main-d'œuvre dans les entreprises et les secteurs d'activité.

Depuis de nombreuses années, l'OCDE met à jour un indicateur qu'elle a élaboré, à l'échelle de l'ensemble de l'économie, des obstacles réglementaires à l'entrée des entreprises et à la concurrence afin de mesurer l'orientation de la réglementation des marchés de produits et de réaliser des comparaisons internationales (Koske *et al.*, 2015). Il manquait toutefois un indicateur similaire des obstacles réglementaires à la sortie des entreprises. Ce chapitre remédie à cette lacune et présente les nouveaux indicateurs relatifs aux régimes d'insolvabilité de 36 pays, d'après les réponses de ces pays à un questionnaire récent de l'OCDE (Adalet McGowan et Andrews, 2018)[13].

Les nouveaux indicateurs de l'OCDE portent sur les dispositifs qui – à la lumière de l'expérience et des études internationales – risquent d'avoir des incidences négatives sur la productivité en retardant l'ouverture des procédures d'insolvabilité et en allongeant leur durée. Ces indicateurs ont été construits en formulant l'hypothèse selon laquelle les inefficiences sur le seuil de sortie sont vraisemblablement plus prononcées dans les économies dont les régimes d'insolvabilité imposent un coût personnel élevé aux entrepreneurs faillis ou ne comportent pas de dispositifs de prévention et de simplification suffisamment complets ou d'outils facilitant la restructuration. Ces indicateurs prennent également en compte d'autres caractéristiques pouvant retarder le règlement en temps voulu des difficultés financières, comme le rôle des tribunaux, les droits des salariés et le traitement des activités frauduleuses.

La section qui suit rappelle brièvement les raisons pour lesquelles les régimes d'insolvabilité jouent un rôle important dans la croissance de la productivité. La section 3.3 présente les caractéristiques d'un régime d'insolvabilité efficace. La section 3.4 examine la mesure des principales caractéristiques de conception et les résultats des différents pays d'après les informations recueillies au moyen du questionnaire de l'OCDE. La section 3.5 résume les nouvelles données internationales en se fondant sur l'indicateur composite de l'OCDE concernant les régimes d'insolvabilité.

## 3.2. Pourquoi les régimes d'insolvabilité jouent-ils un rôle important dans la croissance de la productivité ?

La destruction créatrice est un élément fondamental des économies performantes. À long terme, la croissance durable de la productivité est assurée grâce à l'expérimentation de nouvelles idées par les entreprises, à la diffusion poussée des technologies et des pratiques commerciales de pointe auprès des entreprises et à la réaffectation de ressources rares à leurs usages les plus productifs. Cependant, selon une conception de plus en plus répandue, le ralentissement de la productivité du travail observé ces deux dernières décennies provient en partie d'une augmentation des frictions d'ajustement qui ralentissent le processus de destruction créatrice (Andrews *et al.*, 2016 ; Gopinath *et al.*, 2015 ; Decker *et al.*, 2016). Un aspect significatif de ce phénomène est la part croissante des entreprises (souvent qualifiées de « zombies ») qui, normalement, sortiraient ou devraient se restructurer dans un marché concurrentiel mais parviennent à survivre et ce, au détriment de la productivité globale (graphique 3.1 ; Andrews *et al.*, 2016). Dans cette optique, le retour à la croissance de la productivité est en partie tributaire de dispositifs qui facilitent réellement la sortie ou la restructuration des entreprises peu rentables.

**Graphique 3.1. L'augmentation de la congestion causée par les entreprises zombies[1]**

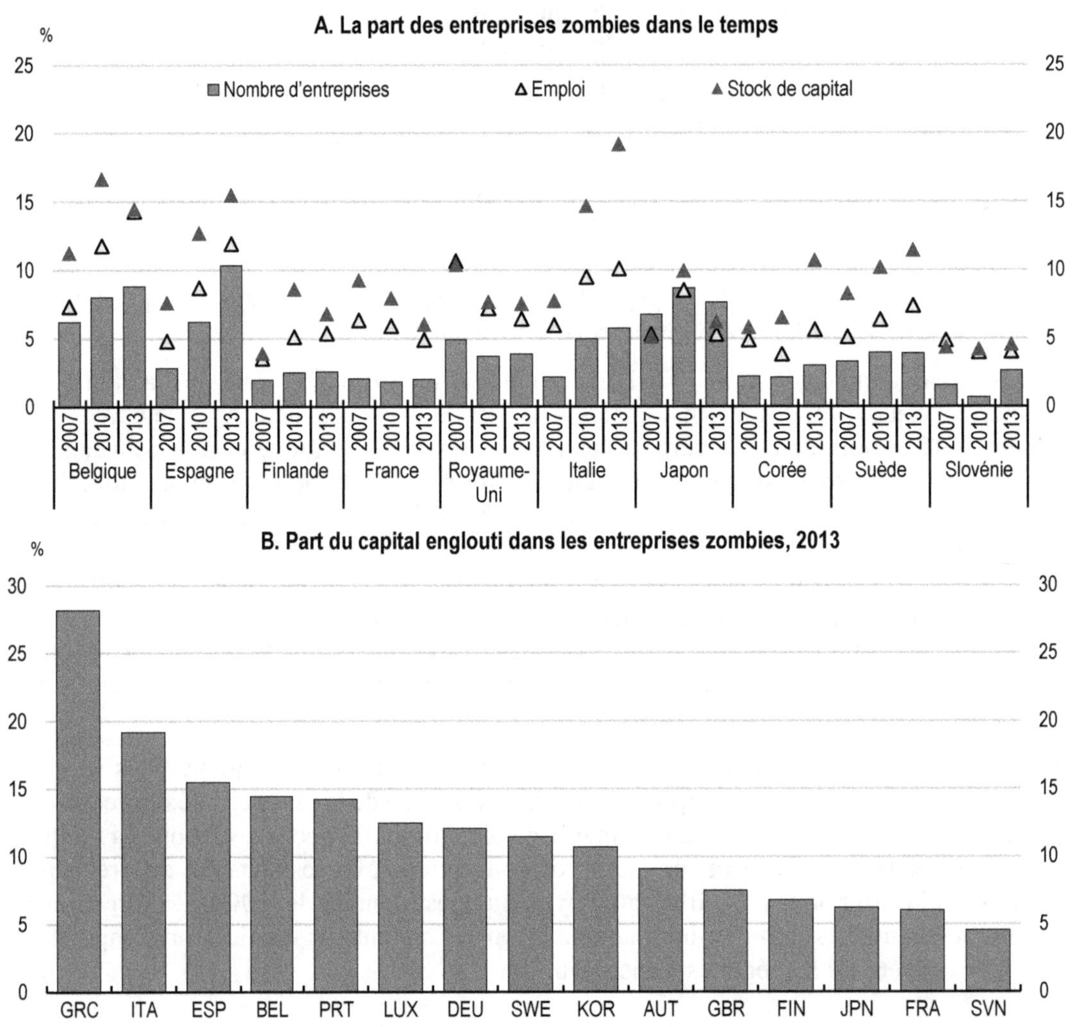


*Note* : Les entreprises zombies sont des entreprises de plus de dix ans qui présentent un taux de couverture des intérêts inférieur à 1 pendant trois années consécutives.
*Source* : Adalet-McGowan, M., D. Andrews et V. Millot (2017), « Insolvency regimes, zombie firms and capital reallocation », Documents de travail du Département des affaires économiques de l'OCDE, no 1399, Éditions OCDE.

StatLink http://dx.doi.org/10.1787/888933680419

## 3.3. Caractéristiques et mode d'évaluation des régimes d'insolvabilité efficaces

L'éventail des politiques publiques qui ont un impact sur la sortie et la restructuration est large. Par exemple, des barrières importantes à l'entrée peuvent elles-mêmes constituer un obstacle à la sortie dans la mesure où elles permettent aux entreprises peu performantes de survivre plus facilement en les protégeant d'une concurrence plus intense. En conséquence, la réglementation des produits, du travail et des marchés financiers, de même que les politiques macroéconomiques, les subventions et garanties publiques, l'efficacité du système judiciaire et les régimes de propriété intellectuelle, la fiscalité et la réglementation environnementale différenciée en fonction de l'ancienneté sont autant de facteurs pouvant affecter l'intensité de la sélection par le marché et l'ampleur et la rapidité avec lesquelles les ressources rares utilisées par des entreprises en difficulté peuvent être réaffectées à des usages plus productifs. Cependant, comme les imperfections du marché créent souvent des obstacles à la sortie sans heurts des entreprises défaillantes, l'efficacité des régimes d'insolvabilité revêt une importance particulière parmi les nombreuses dispositions qui affectent le seuil de sortie. Quelles sont les caractéristiques fondamentales d'un régime d'insolvabilité efficace ? La présente section examine certaines d'entre elles et évoque brièvement les mesures existantes.

### *3.3.1. Objectifs généraux des régimes d'insolvabilité*

Les imperfections du marché, comme les problèmes de coordination, les contrats incomplets et les asymétries d'information, font qu'en pratique il est difficile pour le marché privé de faciliter la sortie sans heurts des entreprises défaillantes. Lorsqu'un débiteur est soupçonné d'insolvabilité, les créanciers ont une incitation à se « ruer vers la sortie » et à exiger d'être remboursés rapidement, même si cela entraîne une réduction de la valeur totale des créances récupérables ou diminue les chances de restructurer les parties viables de l'activité. En pratique, il est également difficile pour les débiteurs et les créanciers de rédiger un contrat privé complet qui assure un résultat optimal par avance en raison des nombreux imprévus et du fait que le débiteur peut acquérir de nouvelles créances ou contracter de nouvelles dettes après le contrat initial (Hart, 2000). D'où la nécessité de disposer de régimes d'insolvabilité qui contiennent des dispositions prévoyant le traitement sans heurts, en cas de difficulté financière, des entreprises commerciales (c'est-à-dire de régimes d'insolvabilité des entreprises) et des entrepreneurs qui ont exercé leurs activités dans le cadre d'une entreprise individuelle ou qui font partie d'une société fermée comptant peu d'actionnaires (c'est-à-dire de régimes d'insolvabilité des particuliers).

Les régimes d'insolvabilité doivent respecter un équilibre important entre, d'une part, les incitations donnés aux investisseurs pour consentir des prêts et surveiller l'entreprise et, d'autre part, les incitations données aux débiteurs pour gérer l'entreprise avec efficacité et transparence. Les régimes d'insolvabilité peuvent encourager des résultats efficaces en créant ces incitations : *i)* avant l'insolvabilité, lorsque l'entreprise est prospère (efficacité *ex ante*) ; et *ii)* lorsqu'elle est en difficulté et devient insolvable (efficacité *ex post*). Alors que l'efficacité *ex ante* est importante pour décourager la prise de risque excessive des débiteurs et des dirigeants, les indicateurs actuellement disponibles – notamment les nouveaux indicateurs présentés ci-dessous – mettent davantage l'accent, en général, sur les incitations à l'efficacité *ex post*, en partie parce que celle-ci est plus facile à mesurer. De plus, si les indicateurs existants s'attachent aux caractéristiques de conception qui peuvent avoir une incidence sur l'ouverture et le règlement rapides des procédures d'insolvabilité, la qualité du règlement – qui est très difficile à mesurer – joue aussi un rôle.

Enfin, les régimes d'insolvabilité ont des objectifs bien définis mais leur conception optimale fait moins l'unanimité. Compte tenu des complémentarités qui existent entre les régimes d'insolvabilité et les autres cadres institutionnels, il n'y pas d'approche unique en la matière. Cependant, de nombreuses études ont décrit les meilleures pratiques internationales (FMI, 1999 ; INSOL, 2000 ; CNUDCI, 2004 ; Banque mondiale, 2015 ; Bricongne *et al.*, 2016). L'enseignement général tiré de ces études est que les régimes d'insolvabilité devraient être conçus de manière à encourager les débiteurs à prendre des dispositions adéquates assez rapidement lorsqu'ils rencontrent des difficultés financières, ce qui augmente les chances de réussite de la restructuration.

### *3.3.2. Mesures existantes recensées dans les régimes d'insolvabilité*

L'ensemble d'indicateurs *Doing Business* de la Banque mondiale concernant les régimes d'insolvabilité de différents pays étudie les coûts, en temps et en ressources, des procédures d'insolvabilité (Encadré 3.1). Ces indicateurs rendent compte des aspects de fait et de droit des régimes d'insolvabilité mais ne mettent guère l'accent sur leurs nombreux aspects liés aux politiques publiques, ce qui rend difficile de cerner leur contribution à la productivité et d'élaborer des propositions de réformes spécifiques aux pays – la mission d'*Objectif croissance* (Adalet McGowan et Andrews, 2016).

En particulier, les indicateurs de la Banque mondiale s'intéressent surtout à la restructuration des entreprises, alors que les régimes d'insolvabilité des particuliers sont souvent mieux adaptés aux entrepreneurs et aux petites entreprises. De fait, la distinction entre les entreprises et les autres types d'entités, s'agissant des créances et des dettes, est souvent floue pour les petites entreprises, soit parce que les prêteurs exigent des garanties personnelles – par exemple, une garantie hypothécaire sur la résidence du propriétaire – soit parce qu'avant de se constituer en société et d'obtenir une protection en qualité de société à responsabilité limité, les entrepreneurs utilisent habituellement leurs moyens de financement personnels (Berkowitz et White, 2004 ; Cumming, 2012)[14].

**Encadré 3.1. Indicateurs *Doing Business* de la Banque mondiale - Règlement de l'insolvabilité**

Les indicateurs *Doing Business* de la Banque mondiale comprennent un indicateur du règlement de l'insolvabilité dans le monde. Les données utilisées pour établir cet indicateur proviennent des réponses de praticiens de l'insolvabilité à des questionnaires, de l'étude des lois et réglementations en vigueur, et des informations publiques concernant les procédures d'insolvabilité. Le classement des pays est fondé sur les résultats de deux sous-indicateurs ayant la même pondération.

- Indicateurs fondés sur les résultats : le taux de recouvrement, fondé sur la durée, le coût et les résultats des procédures d'insolvabilité, d'après une étude de cas hypothétique.
- Indice de solidité du régime d'insolvabilité (ajouté en 2015), fondé sur quatre autres indices : l'indice de l'ouverture des procédures, l'indice de la gestion des actifs du débiteur, l'indice de la restructuration et l'indice de la participation des créanciers.

L'utilisation d'une étude de cas pour dériver des indicateurs fondés sur les résultats (indicateurs de fait) comporte des avantages et des inconvénients. En ce qui concerne les avantages, l'étude de cas vise à mesurer directement la durée et le coût moyens des procédures d'insolvabilité, compte tenu du fait que les personnes interrogées dans le cadre de l'enquête trouvent habituellement difficile de donner une réponse exacte à un questionnaire général sans fournir de détails sur la complexité de chaque affaire. De plus, cette mesure de fait peut rendre compte des lourdeurs réelles du régime d'insolvabilité qui sont imputables à des institutions ne concernant pas le régime d'insolvabilité proprement dit, par exemple à un système judiciaire inefficace.

L'étude de cas ne permet toutefois pas de dégager une vision générale des choses : elle se borne à évoquer l'insolvabilité des entreprises ; elle s'intéresse aux seules créances couvertes par des garanties – c'est-à-dire un hôtel, qui est un actif physique – alors que les actifs incorporels sont difficiles à garantir et peuvent compliquer les procédures d'insolvabilité ; elle ne porte que sur le créancier privilégié, à savoir une banque, et ne prend pas en compte les questions de priorité, qui sont des éléments importants des régimes d'insolvabilité ; elle se concentre sur les procédures formelles d'insolvabilité car les personnes interrogées n'ont pas la possibilité de choisir le règlement à l'amiable et des solutions informelles ; enfin, elle ne permet pas d'établir un lien direct entre les résultats et les dispositifs publics.

Source : http://www.doingbusiness.org/Methodology/Resolving-Insolvency

## 3.4. Les nouveaux indicateurs de l'OCDE relatifs aux régimes d'insolvabilité

Pour combler une lacune et fournir des éclairages complémentaires – notamment en matière d'identification des besoins précis de réformes – l'OCDE a conçu et construit un nouvel ensemble d'indicateurs concernant les régimes d'insolvabilité. Les informations sur le cadre réglementaire utilisées pour compiler les indicateurs composites ont été recueillies au moyen d'un questionnaire sur les régimes d'insolvabilité des entreprises et des particuliers. Le choix des questions et du codage quantitatif des réponses possibles à chaque question est fondé sur les principales conclusions des études théoriques et empiriques sur les liens entre les régimes d'insolvabilité et la croissance économique. Le questionnaire a été mis au point pour rendre compte des caractéristiques des régimes d'insolvabilité dans les domaines suivants (Graphique 3.2) :

- *Traitement des entrepreneurs faillis* – mesure de la possibilité, pour les entrepreneurs ayant connu l'échec, de prendre un *nouveau départ,* compte tenu du délai de libération et de l'exonération de leurs actifs personnels des procédures d'insolvabilité.
- *Prévention et simplification* – synthèse des informations sur les mécanismes d'alerte précoce, les régimes de pré-insolvabilité et les procédures simplifiées spéciales pour les PME.
- *Outils liés à la restructuration proprement dite :* possibilité, pour les créanciers, de lancer la restructuration, possibilité de suspension des procédures visant les actifs et durée de la suspension, rang de priorité des parties requérantes (pouvoirs publics, salariés), application forcée du plan de restructuration aux créanciers opposés à cette procédure et traitement réservé aux dirigeants en place.
- Des *données supplémentaires* ont été recueillies sur le rôle des tribunaux, les dispositions établissant une distinction entre les faillites honnêtes et les faillites frauduleuses, et les droits des salariés.

**Graphique 3.2. Structure de l'indicateur de l'OCDE relatif aux régimes d'insolvabilité[1]**

Indicateur agrégé des régimes d'insolvabilité

| A. Traitement des entrepreneurs faillis | B. Prévention et simplification | C. Outils de restructuration | D. Autres facteurs |
|---|---|---|---|
| 1. Délai de libération | 3. Mécanismes d'alerte précoce | 6. Les créanciers peuvent engager la restructuration | 11. Degré d'intervention des tribunaux |
| 2. Exonérations | 4. Régimes de pré-insolvabilité | 7. Possibilité de suspension des procédures visant les actifs et durée de la suspension | 12. Distinction entre les faillites honnêtes et les faillites frauduleuses |
| | 5. Procédures d'insolvabilité spéciales pour les PME | 8. Possibilité de nouveau financement et priorité accordée à ce financement | 13. Droits des salariés* |
| | | 9. Possibilité d'application forcée du plan de restructuration aux créanciers opposés à ce plan | |
| | | 10. Traitement réservé aux dirigeants pendant la restructuration | |

1. Les données sur les droits des salariés pour le Danemark et la Corée ne sont pas disponibles.
*Source* : Adalet-McGowan, M., D. Andrews et V. Millot (2017), « Insolvency regimes, zombie firms and capital reallocation », Documents de travail du Département des affaires économiques de l'OCDE, nº 1399, Éditions OCDE.

StatLink http://dx.doi.org/10.1787/888933680438

### *3.4.1. Traitement des entrepreneurs faillis*

Une dimension fondamentale des régimes d'insolvabilité des particuliers est la sévérité de la « punition » qu'ils infligent aux entrepreneurs en situation d'échec. Les études indiquent que la limite imposée par les régimes d'insolvabilité à la capacité des entrepreneurs de lancer une nouvelle entreprise après un échec dépend habituellement i) de la possibilité de libération et du délai de libération (c'est-à-dire du nombre d'années qu'un entrepreneur ayant fait faillite doit attendre avant d'être déchargé des dettes préalables à la faillite) ; ii) la part des exonérations applicables aux actifs du débiteur qui ne sont pas directement liés à son activité (par exemple son domicile familial ou les avoirs de son conjoint) ; et iii) les restrictions imposées aux droits civils et économiques du débiteur.[15]

Selon des données internationales, des coûts personnels moindres pour les entrepreneurs faillis peuvent peut-être accroître les taux de travail indépendant et l'utilisation des procédures d'insolvabilité par les propriétaires de petites entreprises (Armour et Cumming, 2008), de même que les taux d'entrée des entreprises (Lee et *al.*, 2007 ; Fan et White, 2003), et attirer des entrepreneurs plus efficaces (Eberhart, 2014 ; Fossen, 2014). En particulier, la longueur du délai de libération peut décourager l'entrepreneuriat en faisant augmenter le coût de lancement d'entreprises risquées. Il semble que la possibilité de prendre un nouveau départ favorise la croissance de la productivité en donnant davantage d'incitations à l'entrepreneuriat et à l'expérimentation, car elle a pour effet *i)* d'augmenter l'entrée de nouvelles entreprises (Cumming, 2012) ; *ii)* d'octroyer aux entrepreneurs ayant fait faillite une seconde chance pour mettre à profit les enseignements tirés de leur expérience et assurer la croissance de leur nouvelle entreprise (Burchell et Hughes, 2006) ; et *iii)* d'attirer des entrepreneurs plus performants – c'est-à-dire des personnes disposant d'un capital humain observé plus important (Eberhart *et al.*, 2014).

Cependant, faciliter un nouveau départ exige des compromis. D'après les études, il faudrait prévoir une remise de dette intégrale dans un délai limité dont la durée idéale n'est toutefois pas évidente. D'une part, un long délai peut décourager l'entrepreneuriat en rendant plus onéreux le lancement d'une entreprise risquée. D'autre part, un délai de courte durée peut influencer le comportement des prêteurs et augmenter le coût du crédit et, partant, nuire à l'entrepreneuriat. Comme le délai de libération, l'exonération des actifs des débiteurs qui ne sont pas directement liés à l'entreprise (par exemple, la résidence familiale ou les avoirs du conjoint) est reliée à l'entrepreneuriat et à la productivité. Par exemple, des données montrent qu'une exonération généreuse peut favoriser l'entrepreneuriat en diminuant le coût de l'échec et en permettant à des personnes moins portées à la prise de risque de lancer une entreprise (Gropp *et al.*, 1997), même si elle peut également augmenter les coûts du crédit et les garanties exigées (Berkowitz et White, 2004 ; Davydenko et Franks, 2008). Parallèlement, la vente forcée de biens peut diminuer ce que le créancier tirera de la vente (Campbell *et al.*, 2011).

Dans ces conditions, l'indicateur de l'OCDE est établi en posant comme principe qu'un délai de libération plus long nuit à la croissance de la productivité et cet élément prend donc une valeur plus élevée (pire résultat). Des valeurs de seuil d'un an et trois ans sont adoptées pour la notation. Un délai de libération supérieur à trois ans reçoit un score élevé, en accord avec une proposition faite en 2016 par la Commission européenne d'harmoniser les périodes de réhabilitation en Europe et de les fixer à trois ans pour les entrepreneurs honnêtes. Il est présumé que des exonérations plus généreuses comportent un risque moindre de retarder l'ouverture des procédures d'insolvabilité et cet élément reçoit donc un score plus bas.

En ce qui concerne les liens entre les coûts personnels et l'entrepreneuriat, les valeurs les plus basses sont enregistrées au Canada, en Turquie et aux États-Unis et les plus élevées, en République tchèque (Graphique 3.3). Il n'y a guère eu d'activités de réforme dans le domaine des coûts personnels assumés par les entrepreneurs faillis, seuls le Chili, la Grèce et l'Espagne ayant entrepris des réformes dans ce domaine entre 2010 et 2016.

**Graphique 3.3. Possibilité de prendre un nouveau départ**

Barres empilées correspondant aux indicateurs de niveau inférieur du traitement des entrepreneurs ayant fait faillite[1], 2016

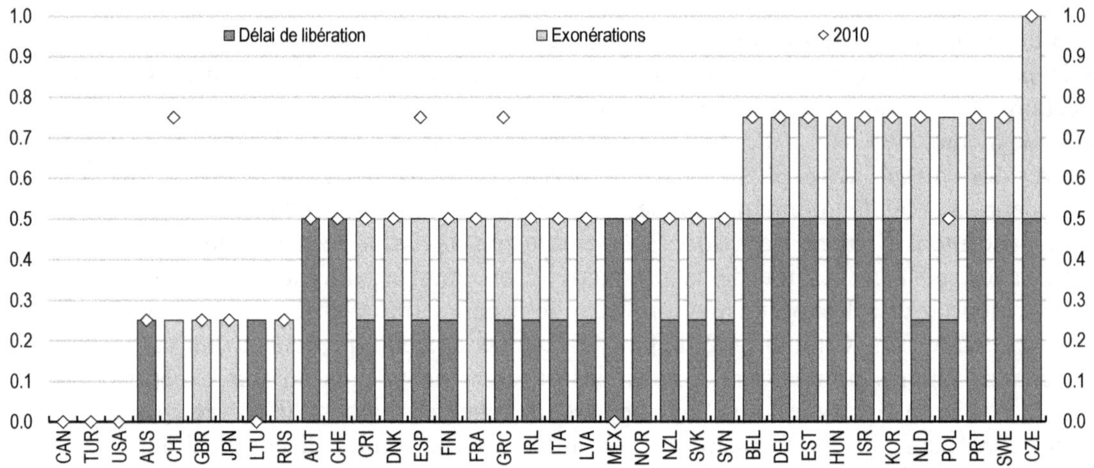


*Note* : Le délai de libération prend la valeur 0 s'il est inférieur ou égal à un an, la valeur 0.5 s'il est compris entre un et trois ans et la valeur 1 s'il est supérieur à trois ans (ou s'il n'est pas offert). Les exonérations (actifs détenus avant l'insolvabilité qui ne sont pas inclus dans la masse de la faillite) prennent la valeur 0 si elles vont au-delà des effets personnels de valeur modeste et du matériel professionnel (par exemple si la résidence du débiteur est exclue), la valeur 0.5 si elles se limitent aux effets personnels de valeur modeste (actifs ou revenu nécessaires pour assurer la subsistance du débiteur) et à l'équipement professionnel, et la valeur 1 si elles sont moins généreuses. Le total est divisé par 2 pour être compris entre 0 et 1.
*Source* : Adalet-McGowan, A. t D. Andrews (2018), « Design of Insolvency Regimes across Countries », Documents de travail du Département des affaires économiques de l'OCDE, à paraître.

StatLink http://dx.doi.org/10.1787/888933680457

Les possibilités de libération sont très différentes d'un pays à l'autre. De fait, le Mexique, la Norvège et la Suisse n'octroient pas la libération. Le délai de libération est supérieur à trois ans dans dix autres pays. La France, les Pays-Bas, la Pologne et la République tchèque sont les pays les plus sévères en matière d'exonération puisque ce dispositif ne s'applique pas aux effets personnels modestes et nécessaires à l'exercice de l'activité professionnelle. La majorité des pays de l'échantillon limitent les exonérations aux effets personnels modestes et nécessaires à l'exercice de l'activité professionnelle et neuf pays accordent des exonérations plus généreuses.

### *3.4.2. Dispositifs de prévention et de simplification*

La résolution précoce des problèmes de surendettement peut maximiser la valeur récupérée par les créanciers et atténuer le coût pour l'économie (Garrido, 2012). En pratique, l'absence de mesures suffisantes de prévention et de simplification peut s'expliquer par :

- L'absence de mécanismes d'alerte précoce et de régimes de pré-insolvabilité, ce qui peut obliger des entreprises viables confrontées à des difficultés financières temporaires à passer par des procédures d'insolvabilité formelles longues et onéreuses alors que la situation aurait pu être traitée au moyen de dispositifs informels de règlement (c'est-à-dire sans l'intervention des tribunaux).
- L'absence de procédures spéciales pour les petites et moyennes entreprises (PME), qui peut conduire de nombreuses petites entreprises inefficaces à poursuivre leurs activités parce qu'elles n'ont pas l'envergure voulue pour prendre en charge les coûts fixes associés aux procédures d'insolvabilité formelles.

Les outils d'alerte précoce, comme la formation offerte aux entreprises pour leur permettre d'évaluer leur situation financière et les conseils financiers et sur l'endettement dispensés aux entreprises qui connaissent des difficultés financières, de même que les cadres de restructuration préventive comme les régimes de pré-insolvabilité, sont utiles dans la mesure où ils peuvent aider les débiteurs à évaluer l'ampleur des risques, et permettre aux débiteurs et aux créanciers d'intervenir rapidement et, au besoin, de mener des négociations informelles avant l'insolvabilité (Bricongne *et al.*, 2016). L'absence de tels outils ou leur utilisation restreinte, en particulier dans les pays d'Europe méridionale (Costantini, 2009), peut conduire des entreprises viables aux prises avec des difficultés financières temporaires à s'engager dans des procédures d'insolvabilité formelles. Les retards et les coûts élevés associés aux procédures formelles peuvent amoindrir la valeur finale d'une entreprise, empêcher la réaffectation rapide des actifs et des ressources des entreprises en difficulté vers des utilisations plus productives et limiter la possibilité pour les entrepreneurs de lancer de nouvelles entreprises, ce qui diminue le dynamisme des affaires.

Les PME peuvent nécessiter un traitement différent des autres entreprises dans le cadre d'une stratégie de restructuration de dette car il se peut que les procédures complexes, longues et rigides, la nécessité de recourir à des spécialistes et les coûts élevés de l'insolvabilité soient incompatibles avec leurs besoins (CE, 2011 ; 2013). En outre, certaines PME sont détenues et administrées par des familles qui garantissent leurs prêts professionnels au moyen de leurs actifs personnels. Par conséquent, l'insolvabilité de ces entreprises peut conduire à la faillite personnelle lorsque l'entreprise dépose le bilan, et ce, même si l'entreprise est une entité juridique distincte (Bergthaler *et al.*, 2015). C'est pourquoi des procédures d'insolvabilité spéciales pour les PME – comme les procédures judiciaires simplifiées ou préétablies ciblant les PME, ou la possibilité d'échelonner le paiement des dépenses administratives liées aux procédures d'insolvabilité, pourraient assurer que les entreprises non viables sortent du marché et que les entreprises viables connaissant des difficultés temporaires soient restructurées sans délai. Bien évidemment, ces mesures doivent être évaluées avec prudence étant donné que la discontinuité des dispositifs publics peut ajouter un obstacle à la croissance des PME – cependant, cela ne risque pas de constituer un problème majeur dans le cadre des procédures d'insolvabilité.

L'indicateur recense l'existence de mécanismes d'alerte précoce, de régimes de pré-insolvabilité et de procédures d'insolvabilité spéciales pour les PME. Le score 0 signifie que des dispositifs de prévention et de simplification existent dans ces trois domaines, c'est-à-dire que le pays a mis en place au moins un dispositif dans chacun.

Il existe des mécanismes d'alerte précoce dans le tiers seulement des pays étudiés, ce qui témoigne sans doute de l'intérêt qu'il y aurait à apporter des réformes dans ce domaine (Graphique 3.4). Des régimes de pré-insolvabilité sont en place dans de nombreux pays européens mais l'Estonie, la Finlande, la Hongrie, la Lituanie, la République slovaque, la République tchèque et la Suède en sont dépourvues. De plus, ce type de régime n'est guère répandu dans des pays de l'OCDE autres qu'européens tels que l'Australie, le Canada, les États-Unis et le Mexique. Au total, 25 pays sont dépourvus de procédures d'insolvabilité spéciales pour les PME, ce qui pourrait faire en sorte que de nombreuses petites entreprises inefficaces poursuivent leurs activités parce qu'elles n'ont pas l'envergure nécessaire pour couvrir les coûts fixes associés aux procédures formelles d'insolvabilité. Entre 2010 et 2016, on a assisté à l'intensification et à la multiplication des efforts de réforme des régimes d'insolvabilité s'agissant de la prévention et de la simplification, en particulier dans 11 pays européens.

**Graphique 3.4. Dispositifs de détection et de règlement précoces du surendettement**

Barres empilées correspondant aux indicateurs de niveau inférieur de la prévention et de la simplification[1], 2016

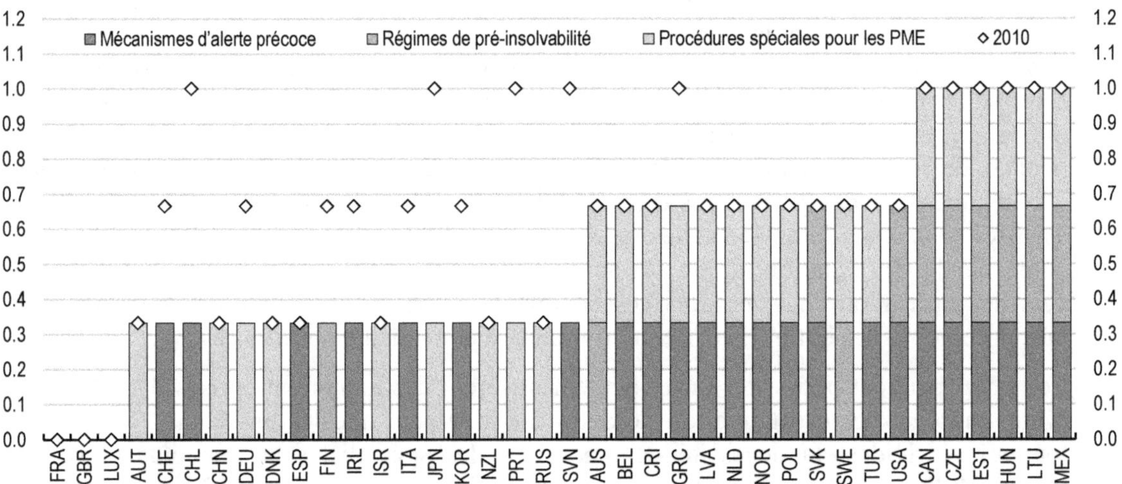


*Note* : Les mécanismes d'alerte précoce prennent la valeur 0 si les pays ont mis en place des mécanismes d'alerte précoce (par exemple, d'auto-évaluation en ligne, de formation), et la valeur 1 dans le cas contraire. Les régimes de pré-insolvabilité ont la valeur 0 si de tels régimes existent et la valeur 1 dans le cas contraire. Les procédures spéciales pour les PME prennent la valeur 0 si les pays disposent de telles procédures pour les PME et la valeur 1 dans le cas contraire. Le total est divisé par 3 pour être compris entre 0 et 1.
*Source* : Adalet-McGowan, A. t D. Andrews (2018), « Design of Insolvency Regimes across Countries », Documents de travail du Département des affaires économiques de l'OCDE, à paraître.

StatLink http://dx.doi.org/10.1787/888933680476

### *3.4.3. Outils de restructuration*

Les caractéristiques de conception des régimes d'insolvabilité des entreprises devraient favoriser le redressement des entreprises viables (Djankov *et al.*, 2008) en réduisant les obstacles à la restructuration. Les chances de réussite d'un processus de restructuration peuvent être améliorées par des caractéristiques de conception qui encouragent l'ouverture rapide de la restructuration et la continuité des activités d'une entreprise. Ces caractéristiques de conception sont les suivantes :

- *Les créanciers peuvent engager la restructuration.* La possibilité de lancer rapidement des procédures de restructuration est un élément fondamental d'un régime d'insolvabilité efficace car les retards peuvent accroître les coûts et compromettre les perspectives de restructuration réussie (Banque mondiale, 2015 ; Bricongne *et al.*, 2016). Les entreprises non viables restent donc moins longtemps sur le marché et les entreprises viables qui rencontrent des difficultés financières temporaires risquent moins d'être lésées en raison de leur trop grande lenteur à se restructurer. Comme le débiteur peut avoir des incitations à retarder la restructuration, il est indispensable de donner aux créanciers la possibilité de lancer ces procédures et des incitations pertinentes à le faire.

- *La suspension des procédures visant les actifs est possible*[16]. La continuité des activités des entreprises pendant le processus de restructuration augmente les chances de réussite. La suspension des procédures visant les actifs permet aux parties de négocier sans interrompre les actions d'exécution tandis que l'absence de suspension peut conduire à des liquidations prématurées, même lorsque la valeur retirée du maintien de l'entreprise en activité est plus élevée que la valeur de liquidation de l'entreprise (Wrucj, 1990). Cela peut augmenter la probabilité de liquidation d'entreprises viables mais, avant tout, décourager les entrepreneurs de lancer une nouvelle entreprise, et affecter les stratégies d'innovation adoptées par les nouveaux entrants. D'autre part, la faible possibilité pour les créanciers de recouvrer leurs créances peut augmenter le coût du crédit et, partant, affecter l'entrepreneuriat (Armour et Cumming, 2008 ; Lee *et al.*, 2011 ; Broadie *et al.*, 2007). Par conséquent, des garanties sont nécessaires pour assurer que la suspension soit limitée dans le temps et serve strictement à faciliter un plan de restructuration.
- *Un nouveau financement peut avoir priorité sur les créanciers non garantis.* Les règles de priorité, qui concernent l'ordre dans lequel les différentes parties prenantes sont remboursées en cas de liquidation, sont spécifiées *ex ante* dans le contrat de prêt conformément à la législation générale sur l'insolvabilité, mais des dérogations *ex post* par rapport aux règles de priorité absolue sont possibles. Habituellement, les créanciers de rang supérieur sont remboursés intégralement avant qu'un paiement soit effectué aux créanciers de rang inférieur et les droits de priorité détaillés des créanciers garantis, des salariés, des fournisseurs et de l'administration fiscale varient selon les pays. Le maintien de l'ordre de priorité (*ex ante*) accroît l'efficacité du système en le rendant plus prévisible et efficace. Cependant, des dérogations à la règle de priorité absolue sont parfois accordées (par exemple, pour un nouveau financement) si elles peuvent faire réussir la restructuration et augmenter la valeur récupérée finale (CE 2014a et 2014b ; Bergthaler *et al.*, 2015). La portée et la conception précise du droit de priorité sont moins bien délimitées. Les meilleures pratiques internationales semblent indiquer que le nouveau financement devrait avoir priorité sur les créanciers non garantis. Cependant, il importe d'assurer que les créanciers existants n'exploitent pas la priorité accordée au nouveau financement pour se hisser au premier rang des créanciers en injectant du capital neuf dans l'entreprise. À moins d'un accord donné par les créanciers garantis, le financement postérieur à l'ouverture de la procédure n'a normalement pas priorité sur les créanciers garantis existants car cela nuirait à l'accès aux prêts et à la certitude juridique[17].
- *Il est possible d'imposer l'application forcée du plan de restructuration aux créanciers opposés à ce plan qui tentent de le bloquer*[18]. Demander un vote unanime de tous les créanciers sur un plan de restructuration peut retarder les procédures. Par conséquent, permettre l'approbation de ce plan par une majorité requise de créanciers (« l'application forcée ») peut renforcer la sélection par le marché en encourageant la restructuration en temps voulu des entreprises viables qui rencontrent des difficultés financières temporaires, et permettre des gains de productivité plus élevés au sein de l'entreprise (Bricongne *et al.*, 2016). Dans ce

cas également, afin d'empêcher de possibles incidences négatives sur l'offre de crédit, il importe de protéger les intérêts des créanciers opposés au plan de restructuration en veillant à ce qu'ils soient traités sur un pied d'égalité avec les autres créanciers de la même classe et à ce qu'ils reçoivent, dans le cadre du plan de restructuration, un paiement au moins aussi important qu'en cas de liquidation.

- *Les dirigeants en place ne sont pas automatiquement écartés pendant la restructuration.* Permettre aux dirigeants en place de continuer à s'occuper des affaires courantes d'une entreprise en difficulté au lieu de les forcer à démissionner peut influencer la productivité de diverses manières. Les régimes d'insolvabilité qui ne prennent pas suffisamment en compte les dirigeants en place accroissent les incitations personnelles de ces derniers à dissimuler la situation financière réelle de l'entreprise et à parier sur sa remise sur pied (Marinč et Vlahu, 2012). Cela risquerait d'affaiblir la sélection par le marché et, en retardant le processus, de diminuer les chances que la restructuration réussisse à susciter des gains de productivité plus importants à l'avenir. En revanche, le maintien des dirigeants augmente leurs incitations à réaliser des investissements visant spécifiquement à améliorer la productivité de l'entreprise si un nouveau financement est accessible (von Thadden *et al.*, 2010 ; Ayotte, 2007)[19]. Cependant, le maintien des dirigeants en place pourrait affaiblir la sélection par le marché s'il incite les créanciers garantis à liquider les entreprises viables plutôt qu'à les restructurer (Kaiser, 1996)[20]. Malgré ces avantages et ces inconvénients, il y a lieu de penser que l'éviction des dirigeants pendant la restructuration entravera dans une large mesure l'ouverture en temps voulu de la procédure d'insolvabilité.

Pour chacun des domaines énumérés ci-dessus, l'indicateur prend la valeur 0 dans les cas suivants : il n'y a pas d'obstacles à la restructuration (c'est-à-dire que les créanciers peuvent lancer la restructuration ; la suspension limitée des procédures visant les actifs est possible ; l'application forcée du plan de restructuration est possible à certaines conditions ; le nouveau financement a priorité sur les créanciers non garantis ; et les dirigeants ne sont pas forcément licenciés.) Dans 14 pays (Graphique 3.5), seuls les créanciers peuvent engager la restructuration. La suspension des procédures visant les actifs est possible dans tous les pays, mais la durée de la suspension est variable, et dans environ la moitié des pays étudiés, elle est indéterminée. L'accès d'une entreprise en difficulté ou en cours de restructuration à un nouveau financement et la priorité accordée au nouveau financement sont très différents d'un pays à l'autre. La priorité d'un nouveau financement sur les créanciers non garantis seulement est possible dans 20 pays. Un nouveau financement peut avoir priorité sur les créanciers garantis et non garantis dans 11 pays, et dans les six autres pays, le nouveau financement n'a aucune priorité.

**Graphique 3.5. Obstacles à la restructuration**

Barres empilées correspondant aux indicateurs de niveau inférieur des outils de restructuration[1], 2016

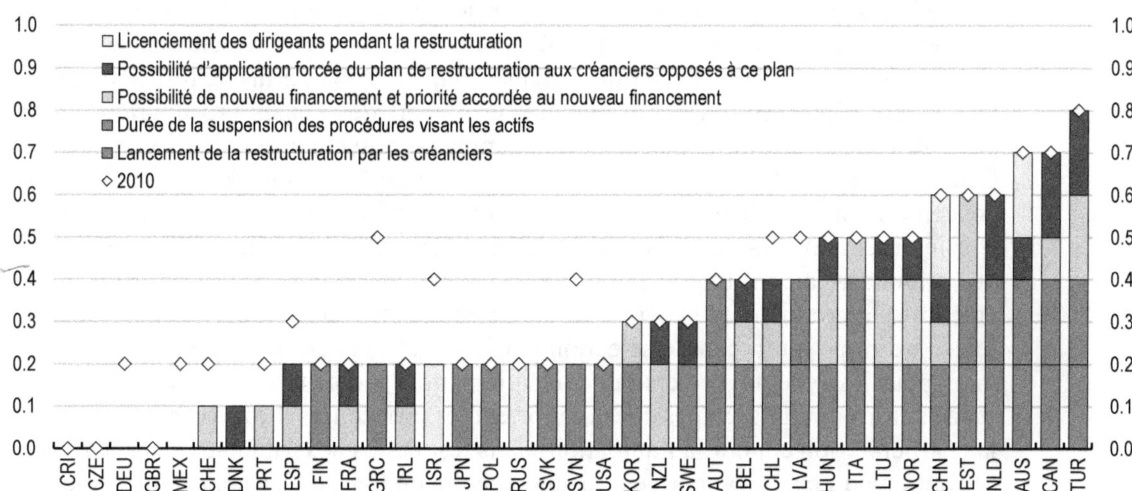


*Note* : Le lancement de la restructuration par les créanciers prend la valeur 0 si les créanciers peuvent engager aussi bien la liquidation que la restructuration et la valeur 1 si les créanciers peuvent engager la liquidation seulement. La durée de la suspension des procédures visant les actifs au cours de la restructuration a la valeur 0 si la durée de la suspension est limitée et la valeur 1 si elle est indéterminée. La possibilité d'un nouveau financement et la priorité accordée à celui-ci prennent la valeur 0 si le nouveau financement a priorité sur les créanciers non garantis seulement, la valeur 0.5 si la priorité concerne à la fois les créanciers garantis et les créanciers non garantis, et la valeur 1 si le nouveau financement n'a aucune priorité. La possibilité d'application forcée du plan de restructuration aux créanciers qui s'y opposent prend la valeur 0 si une disposition prévoit que ces créanciers reçoivent autant en cas de restructuration qu'en cas de liquidation, la valeur 0.5 si la possibilité d'application forcée ne s'accompagne pas de cette disposition, et la valeur 1 si la possibilité d'application forcée n'existe pas. Le licenciement des dirigeants pendant la restructuration prend la valeur 0 si les dirigeants ne sont pas licenciés pendant le processus de restructuration et la valeur 1 si les dirigeants sont licenciés. Le total est divisé par 5 pour être compris entre 0 et 1.
*Source* : Adalet McGowan, A. et D. Andrews (2018), « Design of Insolvency Regimes across Countries », Documents de travail du Département des affaires économiques de l'OCDE, à paraître.

StatLink http://dx.doi.org/10.1787/888933680476

La possibilité d'application forcée du plan de restructuration aux créanciers qui s'y opposent est inexistante dans seulement trois pays – le Canada, les Pays-Bas et la Turquie. Parmi les pays ou l'application forcée est possible, 13 ne prévoient pas de disposition selon laquelle les créanciers opposants devraient recevoir au moins autant dans le cadre de la restructuration que dans celui d'une liquidation – ce qui fait qu'il y aurait tout lieu d'apporter des réformes pour adopter des pratiques optimales à cet égard. Les dirigeants ne sont pas forcément licenciés dans tous les pays sauf quatre, à savoir l'Australie, la Chine, Israël et la Fédération de Russie. Dans l'ensemble, les obstacles à la restructuration ont diminué dans dix pays entre 2010 et 2016.

### *3.4.4. Autres caractéristiques de conception*

Enfin, l'indicateur prend également en compte trois facteurs *supplémentaires* :

- *Un degré élevé d'intervention des tribunaux, qui peut prolonger la sortie ou la restructuration des entreprises* affaiblies, en particulier dans les pays dont le système judiciaire manque d'efficacité. L'intervention des tribunaux - directement ou par le biais de praticiens de l'insolvabilité désignés par un tribunal – est importante parce qu'elle garantit les droits des différentes parties concernées et peut accroître l'efficience *ex post* en servant d'outil de coordination. Elle peut cependant se révéler onéreuse - en particulier pour les petites entreprises qui n'ont pas l'envergure suffisante pour assumer les coûts fixes associés à cette intervention (Bergthaler *et al.*, 2015). Bien que certaines étapes du processus de restructuration nécessitent l'intervention des tribunaux, la plupart des étapes procédurales – en principe et dans les affaires relativement simples – peuvent être réglées à l'amiable. Cela peut réduire la charge de travail des tribunaux et permettre à ceux-ci de se concentrer sur le règlement en temps voulu des affaires complexes qui nécessitent leur intervention (Franks et Sussman, 2001 ; Betker, 1997). Limiter l'intervention des tribunaux aux seules affaires dans lesquelles celle-ci est nécessaire peut améliorer la productivité générale en facilitant la sortie des entreprises non viables (c'est-à-dire en renforçant la sélection par le marché) et en libérant des ressources rares pour les redéployer vers des utilisations plus productives. Cet indicateur est fondé sur le nombre d'étapes que comportent les procédures d'insolvabilité (et pour la restructuration et pour la liquidation) dans lesquelles des tribunaux interviennent (jusqu'à cinq étapes, rapportées sur une échelle de 0 à 1). Cet indicateur demeure une valeur approchée étant donné qu'il existe de fortes complémentarités entre cet aspect et l'efficacité du système judiciaire (Ponticelli, 2015).

- *Des restrictions importantes sur le licenciement des travailleurs et l'impossibilité de négocier des licenciements collectifs pendant les procédures,* qui peuvent retarder la sortie ou la rationalisation des entreprises affaiblies. Manifestement, les restrictions relatives aux licenciements n'ont pas pour but d'empêcher la sortie ou la rationalisation de l'entreprise, mais peuvent avoir pour effet secondaire de créer un biais en défaveur de la liquidation des entreprises non viables, ce qui peut nuire à la productivité[21]. L'indicateur prend la valeur 0 s'il n'y a pas de restrictions sur la capacité de licencier les salariés à l'ouverture des procédures d'insolvabilité et s'il est possible de renégocier les accords de licenciement collectif avec les salariés. Il prend la valeur 0.5 s'il n'y a pas de restrictions sur la capacité de licencier des salariés à l'ouverture de la procédure d'insolvabilité mais qu'il est possible de renégocier les accords de licenciement collectif avec les salariés ; et la valeur 1 s'il y a des restrictions sur la capacité de licencier les salariés à l'ouverture des procédures d'insolvabilité et qu'il n'est pas possible de renégocier les accords de licenciement collectif avec les salariés.
- *Une distinction insuffisante entre les faillites honnêtes et les faillites frauduleuses,* qui augmente les coûts et la stigmatisation de l'échec liés aux procédures d'insolvabilité, et compromet les chances de sortie rapide du marché des entreprises en difficulté. L'indicateur prend la valeur 0 s'il y a une distinction entre le traitement des entrepreneurs honnêtes et des entrepreneurs fraudeurs dans le processus d'insolvabilité (par exemple, un entrepreneur fraudeur ne peut pas bénéficier d'une annulation ou d'une remise de dette) et la valeur 1 dans le cas contraire.

C'est en Corée que le degré d'intervention des tribunaux dans les procédures d'insolvabilité et de restructuration est le plus faible et au Canada, au Costa Rica, en Autriche et en Slovénie qu'il est le plus élevé (Graphique 3.6). De même, il existe des différences notables entre les pays en ce qui concerne les droits des salariés pendant la liquidation et la restructuration et les restrictions les plus sévères sont appliquées en Autriche, en République slovaque et en Slovénie. Enfin, le traitement différencié des entrepreneurs honnêtes et des entrepreneurs fraudeurs, qui est indispensable pour que la seconde chance soit efficace, existe dans 29 des pays examinés.

**Graphique 3.6. Autres caractéristiques de conception**

Barres empilées correspondant aux indicateurs de niveau inférieur des autres facteurs[1], 2016

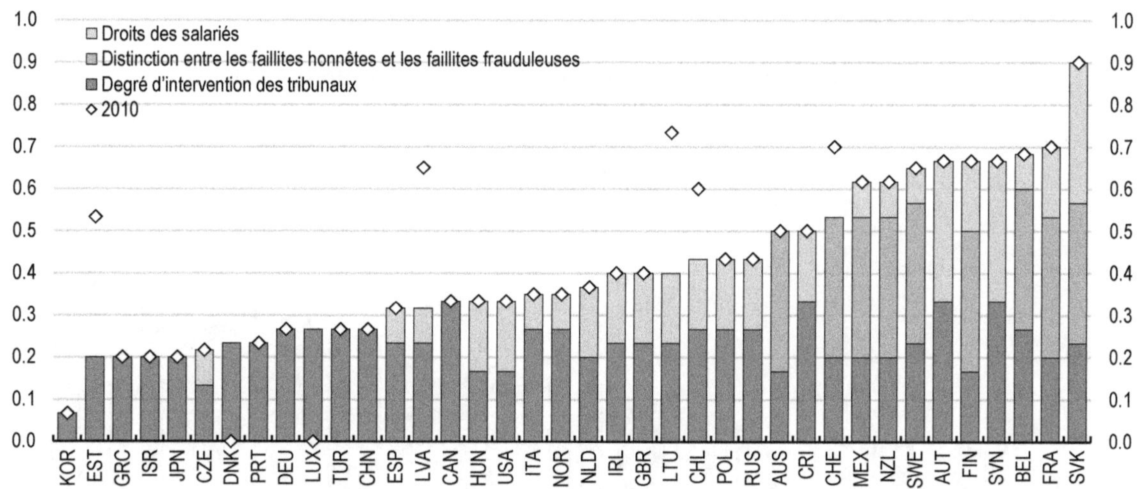


*Note* : Le degré d'intervention des tribunaux est obtenu en additionnant le nombre d'étapes dans lesquelles les tribunaux jouent un rôle au cours de la restructuration (entre 0 et 5) et de la liquidation (entre 0 et 5). Le résultat est ensuite rapporté sur une échelle de 0 à 1. La distinction entre les faillites honnêtes et les faillites frauduleuses prend la valeur 0 s'il y a une distinction entre le traitement des entrepreneurs honnêtes et des entrepreneurs fraudeurs dans le cadre du processus d'insolvabilité, et la valeur 1 dans le cas contraire. Pour la liquidation comme pour la restructuration, l'indicateur est défini comme étant égal à 0 s'il n'y a pas de restrictions sur la capacité de licencier les salariés à l'ouverture des procédures d'insolvabilité et qu'il est possible de renégocier les accords de licenciement collectif avec les salariés ; la valeur 1 s'il n'y a pas de restrictions sur la capacité de licencier les salariés à l'ouverture des procédures d'insolvabilité mais qu'il est impossible de renégocier les accords de licenciement collectif avec les salariés, ou s'il y a des restrictions sur la capacité de licencier les salariés à l'ouverture des procédures d'insolvabilité mais qu'il est possible de renégocier les accords de licenciement collectif avec les salariés ; enfin, l'indicateur prend la valeur 2 s'il y a des restrictions sur la capacité de licencier les salariés à l'ouverture des procédures d'insolvabilité et qu'il est impossible de renégocier les accords de licenciement collectif avec les salariés. Les deux indicateurs sont additionnés et rapportés sur une échelle de 0 à 1. Le total est divisé par 3 pour être compris entre 0 et 1.
*Source* : Adalet-McGowan, A. t D. Andrews (2018), « Design of Insolvency Regimes across Countries », Documents de travail du Département des affaires économiques de l'OCDE, à paraître.

StatLink http://dx.doi.org/10.1787/888933680495

## 3.5. Différences entre les régimes d'insolvabilité nationaux

Les données concernant les différents sous-indicateurs de l'OCDE ont été combinées pour obtenir un indicateur composite des régimes d'insolvabilité au moyen d'une approche allant du particulier au général, qui permet de suivre les scores de l'indicateur jusqu'au niveau des différents dispositifs. Aux fins d'agrégation sont appliqués quatre coefficients de pondération égaux à chaque sous-indicateur et chacune des quatre dimensions principales (graphique 3.4) a été calculée de manière à ce que l'indicateur agrégé des régimes d'insolvabilité soit rapporté sur une échelle de 0 à 1, où 1 correspond aux obstacles les plus importants à une sortie sans heurts ou à une restructuration réussie (Graphique 3.7).

Il ressort de ces mesures combinées que la conception des régimes d'insolvabilité est très différente d'un pays à l'autre. Par exemple, la faible valeur de l'indicateur du Royaume-Uni traduit le fait que les coûts personnels associés à la faillite des entreprises et aux obstacles à la restructuration sont peu élevés, et qu'il existe également de nombreuses dispositions destinées à favoriser la prévention et la simplification. Au contraire, la valeur élevée de l'indicateur de l'Estonie tient au fait que les trois sous-composantes ont un résultat quasiment égal[22].

**Graphique 3.7. Indicateur composite des régimes d'insolvabilité**

Échelle de 0 à 1 allant du moins strict au plus strict

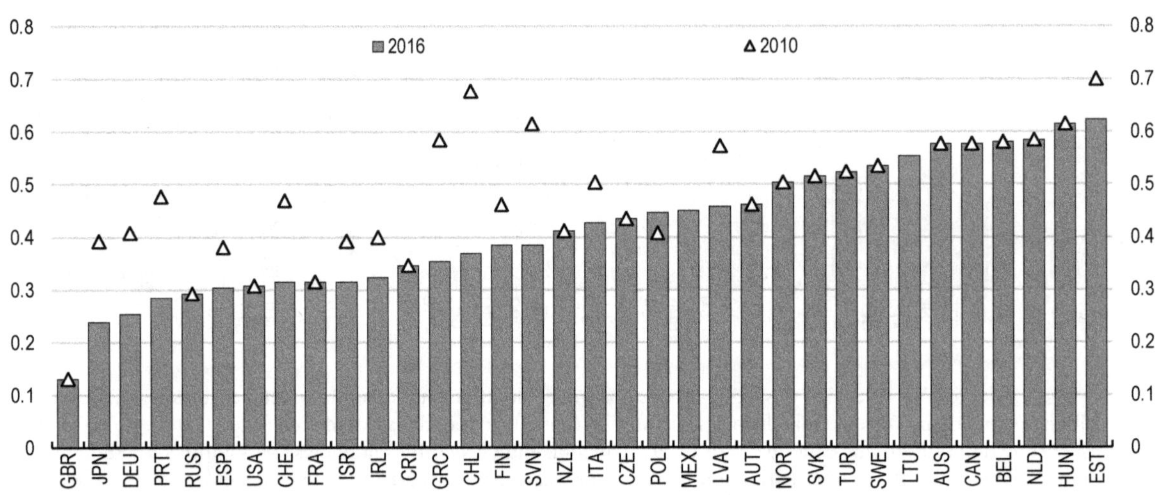


*Source* : Adalet-McGowan, A. t D. Andrews (2018), « Design of Insolvency Regimes across Countries », Documents de travail du Département des affaires économiques de l'OCDE, à paraître.

StatLink http://dx.doi.org/10.1787/888933680514

L'Estonie, l'Australie, l'Italie, la Pologne et le Portugal sont les pays de l'OCDE auxquels la dernière édition d'*Objectif croissance* avait recommandé de réformer en priorité ce domaine (OCDE, 2017). La plupart de ces pays figurent dans la moitié supérieure de la répartition illustrée par l'indicateur agrégé des régimes d'insolvabilité et se situent au milieu du classement de l'indicateur *Doing Business* de la Banque mondiale relatif au règlement de l'insolvabilité (Graphique 3.8). Notons que dans les mesures de la Banque mondiale, l'Estonie, le Portugal, la Pologne et l'Italie se classent mieux au regard de l'indice de droit relatif à la solidité du cadre d'insolvabilité que du taux de recouvrement de fait.

Au cours du temps, la comparaison des valeurs des trois sous-indicateurs entre 2010 et 2016 montre que 15 pays ont récemment réformé leur régime d'insolvabilité. Les pays qui ont le plus réformé dans ce de domaine sont l'Allemagne, le Chili, la Grèce, le Japon, le Portugal et la Slovénie. Les efforts de réforme ont été concentrés sur la prévention et la simplification, domaines dans lesquels des réformes ont été observées dans 11 pays, en particulier en Europe (par exemple, au Portugal). Cela peut traduire en partie le fait que ces mesures ont récemment été appuyées par la Commission européenne et le FMI en réponse à la crise (Carcea *et al.*, 2015 ; Bergthaler *et al.*, 2015). Les obstacles à la restructuration ont également diminué dans dix pays, tandis que l'activité de réforme concernant les coûts personnels assumés par les entrepreneurs ayant fait faillite s'est révélée moins ambitieuse, puisque seuls le Chili, l'Espagne et la Grèce ont entrepris ce type de réformes depuis 2010. Notons, en ce qui concerne l'ensemble des pays auxquels *Objectif croissance* a recommandé de réformer en priorité leur régime d'insolvabilité, que des réformes importantes ont été engagées entre 2010 et 2016, mais seulement dans des pays d'Europe méridionale, à savoir le Portugal et l'Italie. On a vu dans le chapitre premier que l'Italie a poursuivi ses réformes en 2017.

Les nouveaux indicateurs mesurant l'efficacité des régimes d'insolvabilité établis par l'OCDE sont un outil très utile pour évaluer l'impact des régimes d'insolvabilité sur la performance économique et permettront une meilleure intégration du seuil de sortie dans *Objectif croissance* pour fixer les priorités des pays. Par exemple, des études récentes utilisant les nouveaux indicateurs montrent que les réformes des régimes d'insolvabilité peuvent : 1) réduire la part du stock de capital englouti dans les entreprises zombies, ce qui stimule la réaffectation du capital dans des entreprises plus productives (Adalet McGowan, Andrews et Millot, 2017a, Graphique 3.9) ;et ii) faciliter la diffusion de la technologie en encourageant l'expérimentation et en donnant aux entreprises qui accusent un retard la latitude voulue pour mettre en œuvre les modifications nécessaires pour se rapprocher de la frontière technologique (Adalet McGowan, Andrews et Millot, 2017b). Les indicateurs permettent également de réaliser des comparaisons internationales de certaines caractéristiques de conception des régimes d'insolvabilité et le suivi des modifications apportées au fil du temps, et d'obtenir ainsi des informations indispensables pour la réalisation des études par pays de l'OCDE de la performance économique et des réformes structurelles.

## Graphique 3.8. Indicateurs de l'OCDE et de la Banque mondiale relatifs aux régimes d'insolvabilité[1]

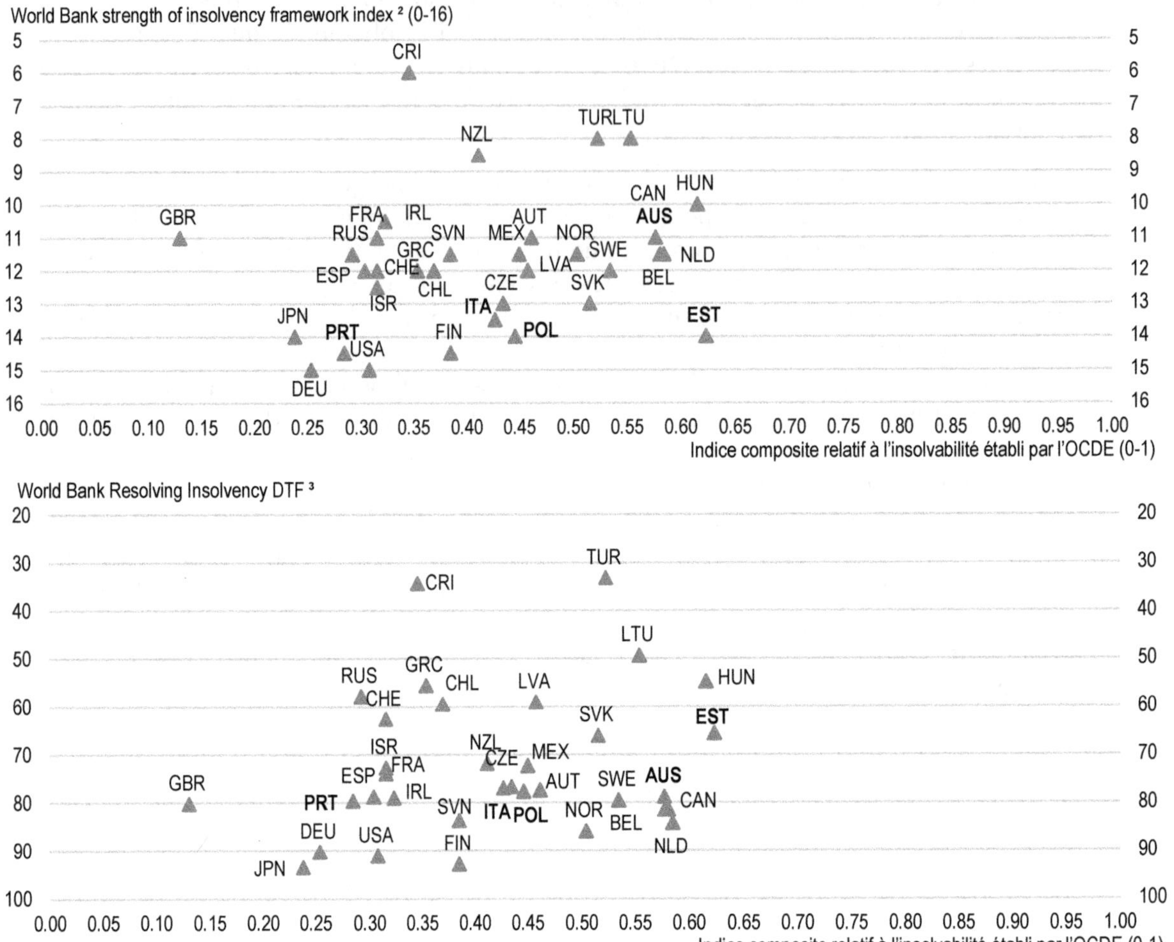


1. Les triangles rouges et les abréviations en gras correspondent aux pays auxquels l'édition 2017 d'Objectif croissance a recommandé de réformer leur régime d'insolvabilité.
2. L'indice de solidité du cadre d'insolvabilité établi par la Banque mondiale est fondé sur quatre autres indices : l'indice de l'ouverture des procédures, l'indice de la gestion des actifs du débiteur, l'indice de la restructuration et l'indice de la participation des créanciers. L'indice de solidité du cadre d'insolvabilité est la somme des scores des indices relatifs à l'ouverture des procédures, à la gestion des actifs du débiteur, à la restructuration et à la participation des créanciers. L'indice de solidité du cadre d'insolvabilité est compris entre 0 et 16, les valeurs les plus élevées correspondant à la législation relative à l'insolvabilité qui est la mieux conçue pour redresser les entreprises viables et liquider celles qui ne le sont pas.
3. Les données utilisées pour l'indicateur relatif au règlement de l'insolvabilité sont dérivées des réponses de praticiens de l'insolvabilité implantés localement à un questionnaire et sont vérifiées au moyen d'une étude des lois et réglementations en vigueur, ainsi que des informations publiques concernant les procédures d'insolvabilité. Le classement des différents pays en fonction de la facilité du règlement de l'insolvabilité est obtenu en triant les scores de distance à la frontière (DTF, distance to frontier) de l'indicateur relatif au règlement de l'insolvabilité.

*Source* : Adalet McGowan, A. et D. Andrews (2018), « Design of Insolvency Regimes across Countries », Documents de travail du Département des affaires économiques de l'OCDE, à paraître.

StatLink http://dx.doi.org/10.1787/888933680533

**Graphique 3.9. Simulation de l'accroissement de la productivité globale du travail résultant de la réduction de la congestion causée par les entreprises zombies[1], 2013**

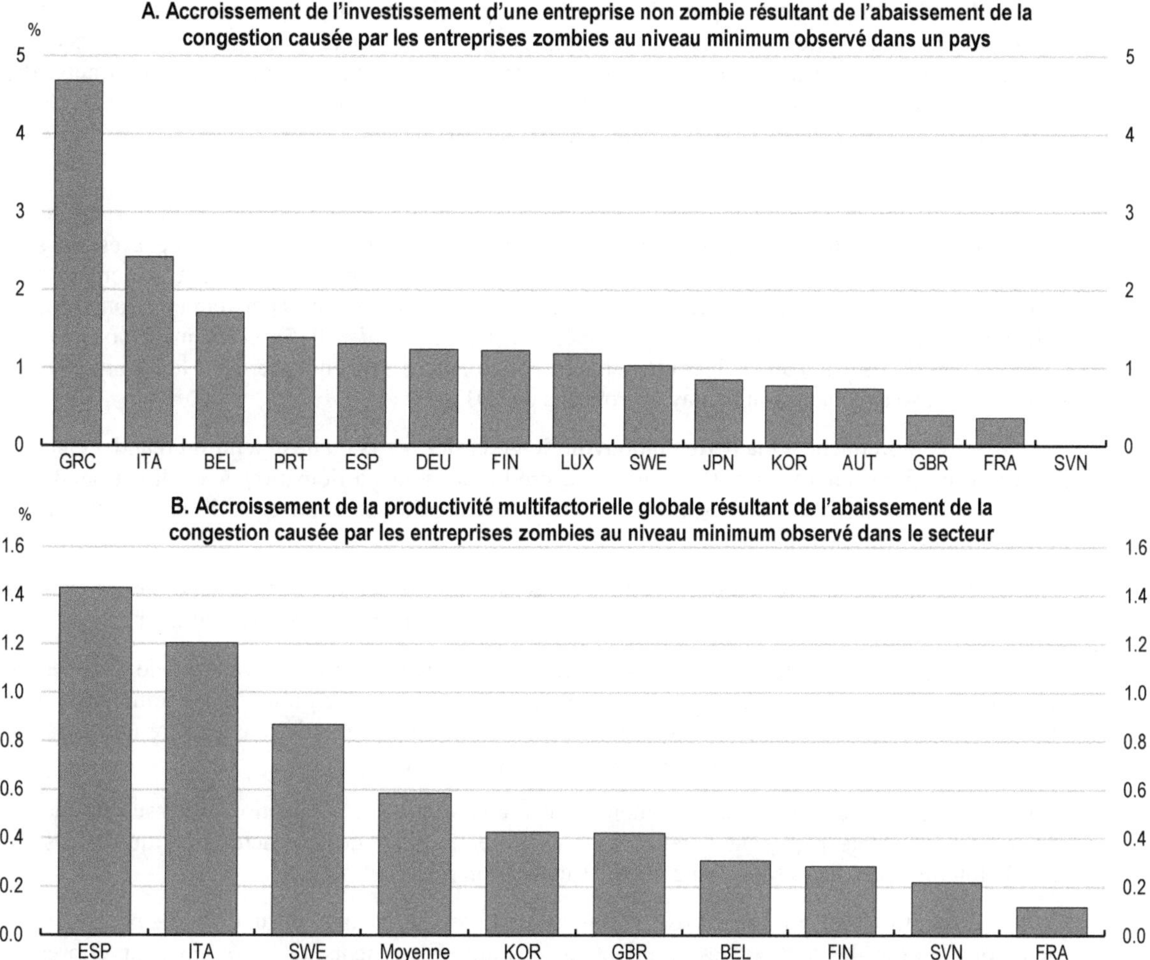


*Note* : Les entreprises zombies sont des entreprises de plus de dix ans qui présentent un taux de couverture des intérêts inférieur à 1 pendant trois exercices consécutifs. La partie A montre la simulation de l'accroissement de l'investissement d'une entreprise non zombie type résultant de l'abaissement de la part des entreprises zombies au niveau minimum de l'échantillon (c'est-à-dire celui de la Slovénie en 2013). La partie B illustre la simulation de l'accroissement de la productivité multifactorielle globale du secteur des entreprises obtenu à la faveur d'une réaffectation plus efficiente du capital résultant de l'abaissement de la part des entreprises zombies dans chaque pays au niveau minimum de l'échantillon pour chaque secteur et chaque année. Les chiffres correspondant au niveau des pays sont une moyenne non pondérée de l'ensemble des secteurs (niveau de détail à deux chiffres de la NACE Rev. 2 qui concerne le secteur marchand non agricole et non financier).

*Source* : Adalet-McGowan, M., D. Andrews et V. Millot (2017), « Insolvency regimes, zombie firms and capital reallocation », Documents de travail du Département des affaires économiques de l'OCDE, no 1399, Éditions OCDE.

StatLink http://dx.doi.org/10.1787/888933680552

## Notes

[13]. L'indicateur complet est disponible pour 34 pays seulement. Les données ont été collectées auprès de tous les pays de l'OCDE et des principales économies émergentes et il se peut que certains indicateurs de niveau inférieur rendent compte d'ensembles de pays un peu plus importants. Par exemple, en raison de l'absence de réponses aux questions concernant les droits des salariés en Corée et au Danemark, ces pays ne sont pas inclus dans l'indicateur composite complet.

[14]. Les indicateurs de la Banque mondiale ne rendent pas entièrement compte de la possibilité de suspension des procédures visant les actifs et de la durée de la suspension, du traitement réservé aux dirigeants et des outils de prévention et de simplification, puisqu'ils s'attachent seulement aux procédures formelles d'insolvabilité. En principe, certaines de ces lacunes peuvent être comblées en utilisant les données de la Commission européenne (Carcea *et al.*, 2015), notamment pour ce qui concerne le rôle des tribunaux et le traitement réservé aux dirigeants en place, mais le champ couvert se limite à un sous-échantillon de pays européens de 2012.

[15]. Ceux-ci comprennent : *i)* la perte du pouvoir de gérer des actifs ou de détenir un mandat électif ; *ii)* des restrictions imposées à l'obtention de crédit ou à la participation à la direction d'une entreprise ; et *iii)* des restrictions sur les voyages, l'interception du courrier ou l'incarcération pour non-remboursement de créance.

[16]. Une suspension des procédures visant les actifs fait cesser les actions entreprises par les créanciers, avec certaines exceptions, pour recouvrer des créances auprès d'un débiteur.

[17]. Cela s'applique aux affaires dans lesquelles tous les créanciers ont davantage de chances de recouvrer leur investissement à la faveur d'une restructuration réussie qu'en cas de liquidation. Les créanciers garantis sont les prêteurs qui détiennent une créance garantie, c'est-à-dire une garantie qu'ils peuvent faire appliquer en cas de défaillance du débiteur.

[18]. L'indicateur prend également en compte les caractéristiques de conception qui assurent que les créanciers opposants reçoivent autant dans le cadre du plan de restructuration qu'en cas de liquidation (qui entraînera sans doute une restructuration plus importante).

[19]. La conception des dispositifs de compensation des dirigeants influera également sur les incitations qu'ont les entreprises à effectuer des investissements onéreux pour améliorer la productivité, la réalisation de profits ne pouvant survenir que de façon tardive.

[20]. En outre, permettre aux dirigeants de conserver leur emploi peut être perçu par les créanciers comme un obstacle au remboursement de leurs créances, ce qui peut accroître le coût du crédit et réduire les taux d'entrée des entreprises, en particulier si les créanciers estiment que les dirigeants peuvent mettre en œuvre une stratégie d'organisation de l'insolvabilité (Moulton et Thomas, 1993).

[21]. La question se pose de savoir s'il existe des outils plus efficaces pour soutenir les travailleurs déplacés en raison de la sortie d'une entreprise – par exemple des politiques actives pour le marché du travail (Andrews et Saia, 2016).

[22]. Notons que le nombre de pays peut différer selon les sous-indicateurs en fonction des réponses reçues. L'agrégation n'est donc possible que pour 34 pays.

## Références


Adalet McGowan, M. et D. Andrews (2018), « Design of Insolvency Regimes across Countries », *Documents de travail du Département des affaires économiques de l'OCDE*, Éditions OCDE, Paris (à paraître).

Adalet McGowan, M. et D. Andrews (2016), « Insolvency Regimes and Productivity Growth: A Framework for Analysis », *Documents de travail du Département des affaires économiques de l'OCDE*, n° 1309, Éditions OCDE, Paris.

Adalet McGowan, M. et D. Andrews (2015), « Skill Mismatch and Public Policy in OECD countries », *Documents de travail du Département des affaires économiques de l'OCDE*, n° 1210, Éditions OCDE, Paris.

Adalet McGowan, M., D. Andrews et V. Millot (2017a), « Insolvency Regimes, Zombie Firms and Capital Reallocation », *Documents de travail du Département des affaires économiques de l'OCDE*, n° 1399, Éditions OCDE, Paris.

Adalet McGowan, M., D. Andrews et V. Millot (2017b), « Insolvency Regimes, Technology Diffusion and Productivity Growth: Evidence from Firms in OECD Countries », *Documents de travail du Département des affaires économiques de l'OCDE*, n° 1425, Éditions OCDE, Paris.

Andrews, D. et A. Saia (2016), « Coping with Creative Destruction: Reducing the Costs of Firm Exit », *Documents de travail du Département des affaires économiques de l'OCDE*, n° 1353, Éditions OCDE, Paris.

Andrews, D. et F. Cingano (2014), « Public Policy and Resource Allocation: Evidence from Firms in OECD Countries », *Economic Policy*, vol. 29, n° 78, pp. 253-296.

Andrews, D. et F. Petroulakis (2017), « Breaking the Shackles: Zombie Firms, Weak Banks and Depressed Restructuring in Europe », *Documents de travail du Département des affaires économiques de l'OCDE*, n° 1433, Éditions OCDE, Paris.

Andrews, D., C. Criscuolo et C. Menon (2014), « Do Resources Flow to Patenting Firms?: Cross-Country Evidence from Firm Level Data », *Documents de travail du Département des affaires économiques de l'OCDE*, n° 1127, Éditions OCDE, Paris.

Armour, J. et D. Cumming (2008), « Bankruptcy Law and Entrepreneurship », *American Law Economic Review*, vol. 10, n° 2.

Armour, J. et D. Cumming (2006), « The Legislative Road to Silicon Valley », *Oxford Economic Papers*, vol. 58.

Ayotte, K. (2007), « Bankruptcy and Entrepreneurship: The Value of a Fresh Start », *Journal of Law, Economics and Organisation*, vol. 23.

Banque mondiale (2015), « Resolving Insolvency: Measuring the Strength of Insolvency Laws », *Doing Business Report*, Washington, DC.

Bergthaler, W., K. Kang, Y. Liu et D. Monaghan (2015), « Tackling Small and Medium-sized Enterprise Problem Loans in Europe », *IMF Staff Discussion Note*, n° 4.

Berkowitz, J. et M. White (2004), « Bankruptcy and Small Firms' Access to Credit », *RAND Journal of Economics*, vol. 35.

Betker, B. (1997), « The Administrative Costs of Debt Restructurings: Some Recent Evidence », *Financial Management*, vol. 26.

Bouis, R., R. Duval et J. Eugster (2016), « Product Market Deregulation and Growth: New Country-Industry-Level Evidence », *IMF Working Papers*, n° 16/114.

Bricogne, J.C. et al. (2016), « Macroeconomic Relevance of Insolvency Frameworks in a High-debt Context: An EU Perspective », *European Commission Discussion Papers*, n° 32.

Burchell, B. et A. Hughes (2006), « The Stigma of Failure: An International Comparison of Failure Tolerance and Second Chancing », *University of Cambridge Centre for Business Research Working Papers*, n° 334.

Campbell, Y.J., S. Giglio et P. Pathak (2011), « Forced Sales and House Prices », *American Economic Review*, vol. 101, n° 5.

Carcea, M.C. et al. (2015), « The Economic Impact of Rescue and Recovery Frameworks in the EU », *European Commission Discussion Papers*, n° 4.

CNUDCI (2004), *Legislative Guide on Insolvency Law*, Commission des Nations Unies pour le droit commercial international, Vienne.

Commission européenne (2014a), *Analyse d'impact : Recommandation de la Commission du 12 mars 2014 relative à une nouvelle approche en matière de défaillances et d'insolvabilité des entreprises*, 2014/135/UE, Bruxelles.

Commission européenne (2014b), *Recommandation de la Commission du 12 mars 2014 relative à une nouvelle approche en matière de défaillances et d'insolvabilité des entreprises*, 2014/135/UE, Bruxelles.

Costantini, J. (2009), « Effects of Bankruptcy Procedures on Firm Restructuring: Evidence from Italy », document non publié.

Cumming, D. (2012), « Measuring the Effect of Bankruptcy Laws on Entrepreneurship across Countries », *Journal of Entrepreneurial Finance*, vol. 16.

Davydenko, S. et J. Franks (2008), « Do Bankruptcy Codes Matter? A Study of Defaults in France, Germany and the UK », *The Journal of Finance*, vol. 63, n° 2.

Decker, R. et al. (2016), « Changing Business Dynamism: Volatility of Shocks vs. Responsiveness to Shocks », document non publié.

Djankov, S. et al. (2008), « Debt Enforcement Around the World », *Journal of Political Economy*, vol. 116, n° 6.

Eberhart, R., C. Eesley et K. Eisenhardt (2014), « Failure is an Option: Failure Barriers and New Firm Performance », *Rock Centre for Corporate Governance at Stanford University Working Paper*, n° 111.

Fan, W. et M. White (2003), « Personal Bankruptcy and the Level of Entrepreneurial Activity », *Journal of Law and Economics*, vol. 46.

FMI (1999), *Orderly and Effective Insolvency Procedures*, Washington, DC.

Fossen, F. (2014), « Personal Bankruptcy Law, Wealth, and Entrepreneurship—Evidence from the Introduction of a Fresh Start Policy », *American Law and Economics Review*, vol. 16.

Franks, J. et O. Sussman (2001), « Resolving Financial Distress by Way of a Contract: An Empirical Study of Small UK Companies », document non publié.

Garrido, J. (2012), *Out-of Court Debt Restructuring*, Banque mondiale, Washington, DC.

Gopinath, G. et al. (2015), « Capital Allocation and Productivity in South Europe », *NBER Working Papers*, n° 21453.

Gropp, R., J. Scholz et M. White (1997), « Personal Bankruptcy and Credit Supply and Demand », *The Quarterly Journal of Economics*, vol. 112.

Hart, O. (2000), « Different Approaches to Bankruptcy », *NBER Working Papers*, n° 7921.

INSOL (2000), *Statement of Principles for a Global Approach to Multi-Creditor Workouts*, International Federation of Insolvency Professionals, Londres.

Koske, I. et al. (2015), « The 2013 Update of the OECD's Database on Product Market Regulation: Policy Insights for OECD and non-OECD Countries », *Documents de travail du Département des affaires économiques de l'OCDE*, n° 1200, Éditions OCDE, Paris.

Laryea, T. (2010), « Approaches to Corporate Debt Restructuring in the Wake of The Financial Crisis », *IMF Staff Position Note*, n° 02.

Lee, S., M. Peng et J. Barney (2007), « Bankruptcy Law and Entrepreneurship Development: A Real Options Perspective », *Academy of Management Review*, vol. 32, n° 1.

Lee, S., Y. Yamakawa, M. Peng et J. Barney (2011), « How do Bankruptcy Laws Affect Entrepreneurship Development Around the World? », *Journal of Business Venturing*, vol. 26.

Marinc, M. et R. Vlahu (2012), *The Economics of Bank Bankruptcy Law*, Springer-Verlag, Berlin Heidelberg.

Moulton, W. et T. Howard (1993), « Bankruptcy as a Deliberate Strategy: Theoretical Considerations and Empirical Evidence », *Strategic Management Journal*, vol. 14.

Ponticelli, J. (2015), « Court Enforcement, Bank Loans and Firm Investment: Evidence from a Bankruptcy Reform in Brazil », *Chicago Booth Research Paper*, n° 14-08.

Quinn, J. (1985), « Corporate Reorganization and Strategic Behaviour: An Economic Analysis of Canadian Insolvency Law and Recent Proposals for Reform », *Osgoode Hall Law Journal*, vol. 23.

Saia, A., D. Andrews and S. Albrizio (2015), « Productivity Spillovers from the Global Frontier and Public Policy: Industry Level Evidence », *Documents de travail du Département des affaires économiques de l'OCDE*, n° 1238, Éditions OCDE, Paris.

von Thadden, E., E. Berglöf et G. Roland (2010), « The Design of Corporate Debt Structure and Bankruptcy », *Review of Financial Studies*, vol. 23.

Westmore, B. (2013), « R&D, Patenting and Productivity: The Role of Public Policy », *Documents de travail du Département des affaires économiques de l'OCDE*, n° 1046, Éditions OCDE, Paris.

Wruck, K. (1990), « Financial Distress, Reorganisation and Organisational Efficiency », *Journal of Financial Economics*, vol. 27.

# ORGANISATION DE COOPÉRATION ET DE DÉVELOPPEMENT ÉCONOMIQUES

L'OCDE est un forum unique en son genre où les gouvernements oeuvrent ensemble pour relever les défis économiques, sociaux et environnementaux que pose la mondialisation. L'OCDE est aussi à l'avant-garde des efforts entrepris pour comprendre les évolutions du monde actuel et les préoccupations qu'elles font naître. Elle aide les gouvernements à faire face à des situations nouvelles en examinant des thèmes tels que le gouvernement d'entreprise, l'économie de l'information et les défis posés par le vieillissement de la population. L'Organisation offre aux gouvernements un cadre leur permettant de comparer leurs expériences en matière de politiques, de chercher des réponses à des problèmes communs, d'identifier les bonnes pratiques et de travailler à la coordination des politiques nationales et internationales.

Les pays membres de l'OCDE sont : l'Allemagne, l'Australie, l'Autriche, la Belgique, le Canada, le Chili, la Corée, le Danemark, l'Espagne, l'Estonie, les États-Unis, la Finlande, la France, la Grèce, la Hongrie, l'Irlande, l'Islande, Israël, l'Italie, le Japon, la Lettonie, la Lituanie, le Luxembourg, le Mexique, la Norvège, la Nouvelle-Zélande, les Pays-Bas, la Pologne, le Portugal, la République slovaque, la République tchèque, le Royaume-Uni, la Slovénie, la Suède, la Suisse et la Turquie. La Commission européenne participe aux travaux de l'OCDE.

Les Éditions OCDE assurent une large diffusion aux travaux de l'Organisation. Ces derniers comprennent les résultats de l'activité de collecte de statistiques, les travaux de recherche menés sur des questions économiques, sociales et environnementales, ainsi que les conventions, les principes directeurs et les modèles développés par les pays membres.

ÉDITIONS OCDE, 2, rue André-Pascal, 75775 PARIS CEDEX 16
(12 2018 01 2 P) ISBN 978-92-64-31115-2 – 2019

www.ingramcontent.com/pod-product-compliance
Lightning Source LLC
LaVergne TN
LVHW081409110826
845149LV00010B/1682

* 9 7 8 9 2 6 4 3 1 1 1 5 2 *